Joachim Jahnke

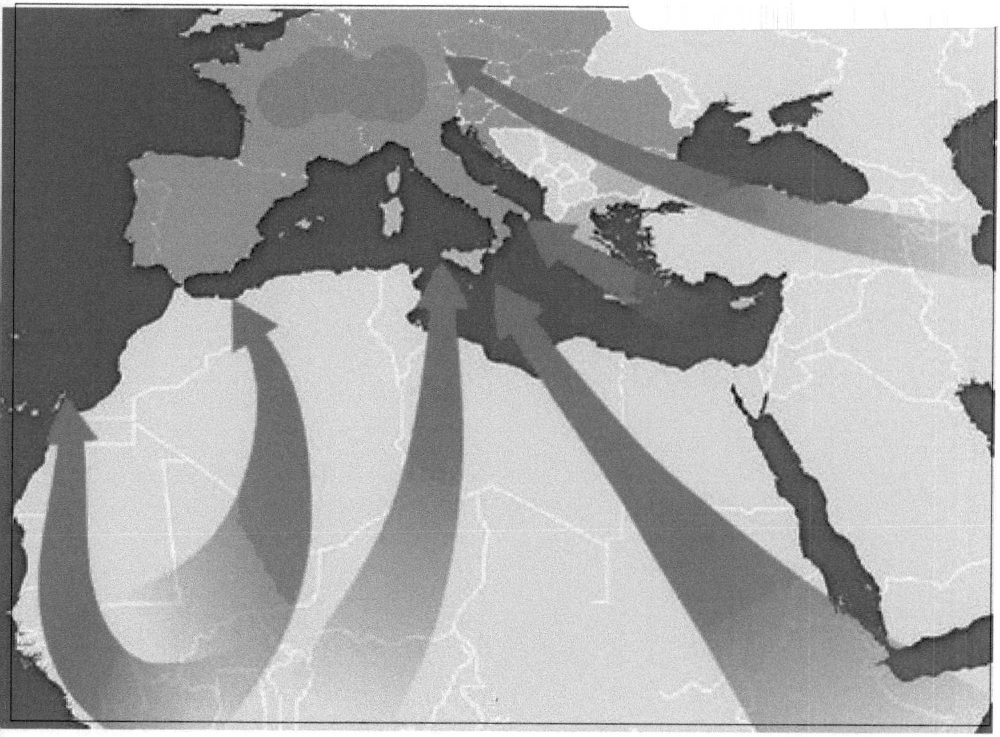

Die Zweite Völkerwanderung hat begonnen

Bibliografische Information der Deutschen Nationalbibliothek:
Die Deutsche Nationalbibliothek verzeichnet diese Publikation in
der Deutschen Nationalbibliothek, detaillierte bibliographische
Daten sind im Internet über http://dnb.d-nb.de abrufbar.

© Joachim Jahnke
Herstellung und Verlag: BoD – Books on Demand, Norderstedt
ISBN: 9783739200446

Einleitung 3
1. Fluchtursachen 7
2. Die Sogfunktion der Diasporen 9
3. Der West-Balkan kommt 10
4. Das Syrien-Drama 12
5. Trampelpfade aus Afrika 14
6. Die Bundeskanzlerin winkt die Flüchtlinge rein, ihr „ohnmächtiges" Warten an der Notbremse 16
7. Weiterverteilen in der EU und
Abschieben klappt nicht 20
8. Grenzen für die Integration 23
Bekannte Integrationsprobleme 23
Erfahrungen mit muslimischen Immigranten und besonders denen aus der Türkei 25
Bildung als Schlüssel zur Integration 30
Der kulturelle Abstand 31
Der Arbeitsmarkt als besondere Hürde 32
Ohne Arbeit kommt Armut 35
9. Der neoliberale Traum von einer globalen Kultur .. 35
10. Lügen zum Arbeitsmarkt und zur Demographie 38
Zum Arbeitsmarkt 38
Zur demographischen Entwicklung 40
11. Die Rolle der Medien 41
12. Noch ein Keil zur sozialen Spaltung 43
Die bittere Konkurrenz 44
Wachsende Armut und Not in Deutschland 47
Der soziale Graben wird immer tiefer 48
Der Gefühlslage der Benachteiligten 49
13. Der Pakt mit Erdogan: Aus dem syrischen Regen in die türkische Traufe 49
14. Die Kraft der Zahl: Wann sind Migranten in der Mehrheit? 52
15. Die Zweite Völkerwanderung hat begonnen 54

Einleitung

Seit mehr als fünf Jahren verfolge ich mit Beiträgen auf dem Infoportal in wachsender Besorgnis die deutschen Probleme mit der Integration von Immigranten. In den Anfängen meiner eigenen Recherchen wurden diese Probleme sehr verbreitet und ziemlich unstreitig diskutiert und auch in den Medien ziemlich korrekt dargestellt. Es war klar, dass sich Deutschland schwer tat, selbst die bereits in der zweiten Generation bei uns lebenden türkischen Gastarbeiter ausreichend zu integrieren. Der frühere Neu-Köllner Bürgermeister Heinz Buschkowsky hatte 2013 seinen kritischen Bestseller „Neukölln ist überall" geschrieben, ein allseits geschätztes Handbuch zu den nicht mehr zu übersehenden Problemen und Grenzen der Integration von Immigranten. Bundeskanzlerin Merkel hatte schon auf dem Deutschlandtag der Jungen Union von 2010 erklärt: "Der Ansatz für Multikulti ist gescheitert, absolut gescheitert!". Selbst den Begriff „Asylant" konnte man noch gebrauchen, ohne gleich verwarnt zu werden, wie mir dies in diesen Tagen passiert ist.

Afrika war damals noch ein ferner Kontinent. Menschen verhungerten immer wieder in grosser Zahl, ohne den Weg nach Europa einzuschlagen. Selbst die blutigen Bürgerkriege in Afghanistan, Irak, Syrien und Libanon führten kaum zu grösseren Flüchtlingstrecks nach Europa. Deutschland hatte zwar nach dem Zweiten Weltkrieg mehrere grössere Wellen von Zuwanderung erlebt. Zuerst kamen die Vertriebenen aus den ehemaligen Ostgebieten des Deutschen Reiches. Später in der zweiten Hälfte der 60er Jahre und anfangs der 70er waren es die angeworbenen Gastarbeiter bis zum Anwerbestopp von 1973. Dem schloss sich Ende der 90er Jahre nach Ende der kommunistischen Regime eine Zuzugswelle aus Osteuropa an, zu der auch die Russlanddeutschen gehörten. Doch seit

Einleitung

1997 stagnierte die Zahl der Ausländer in Deutschland und lag auch fünfzehn Jahre später noch etwa auf dem gleichen Niveau[1]. Man konnte also viele Jahre lang über die Probleme der Integration in Ruhe nachdenken, ohne sich auf die dramatischen Entwicklungen von heute einstellen zu müssen. Selbst die verzweifelten Appelle der UN Flüchtlingsorganisation für mehr Mittel, um die etwa 4 Millionen Flüchtlinge in den Lagern um Syrien herum mit einem Minimum versorgen zu können, wurden überhört, auch von der Bundesregierung.

Heute ist alles anders. Die Menschen vom Balkan und aus den vielen Bürgerkriegsländern, vor allem Syrien, aber zunehmend auch aus den Hungerländern Afrikas kommen in einem nicht abreissenden Strom. War erst in Deutschland die frohgemute Begrüssung angesagt, so überwiegen nun die Ängste, schon wegen der schieren Zahl die Integration von Menschen aus total fremden Kulturen nicht mehr schaffen zu können. Merkels „Wir schaffen das" klingt immer mehr wie das berühmte Pfeifen im Walde. Die Europäische Union hat durch die Flüchtlingskrise, zusätzlich zu dem Euro-Riss von Nord und Süd, noch einen zwischen Ost und West bekommen. Die Deutschen können sich allein gelassen fühlen. Man bestaunt zwar unsere noch durchgehaltene Willkommenskultur, hält sie aber für unrealistisch oder unpraktisch, ja auch für schädlich.

Dennoch predigen auch heute noch in Deutschland die Medien fast gleichgeschaltet den Glauben, die Integration könnte geschafft werden, als hätte es die miesen Erfahrungen mit den muslimischen Gastarbeitern aus Anatolien nie gegeben. Die Medientrommeln wollen uns immer noch fälschlich einbläuen, die Flüchtlinge seien überwiegend gut gebildet, Syrer sogar besser als durchschnittliche Deutsche, und die Neuankömmlinge passten hervorragend und zeitkongruent in das Loch, das die Deutschen selbst mit ihrer demographischen Entwicklung anrichteten. Auch finanzielle Lasten würden sich

Einleitung

nur übergangsweise ergeben, bis die Flüchtlinge als Gutverdiener weit mehr Steuern zahlten als Leistungen in Anspruch zu nehmen. Dabei klingt diese Trommelei schon verdächtig nach den Jubelchören, mit denen seinerzeit der Euro begrüsst wurde, zumal es fast dieselben Akteure sind. Der Euro war ein Akt neoliberaler Globalisierung, die Aufnahme von Millionen aus dem globalen Kulturkreis wäre es nicht minder. Am Ende werden nicht nur die Flüchtlinge von ihren überdimensionierten Hoffnungen böse erwachen, sondern auch die Gastgeber selbst und noch viel schneller.

Während die Flüchtlingsscharen aus Syrien noch die Medien beherrschen, während diese fast geschlossen zu immer grösserer Hilfe auffordern und die Not mit drastischem Photomaterial demonstrieren, wacht der von Überbevölkerung, Hunger, Despotismus, Korruption und Bürgerkriegen geplagte riesige afrikanische Kontinent auf und verfolgt die Flüchtlingswanderung nach Europa mit wachsendem Interesse. Das geschieht in seiner zu erwartenden gigantischen Grössenordnung bisher weitgehend jenseits unseres allgemeinen Wahrnehmungshorizonts. Doch auch in Afrika sind die Signale der deutschen Willkommenskultur und die Bilder der unendlichen Flüchtlingstrecks nach Europa angekommen, selbst die Selfies der deutschen Bundeskanzlerin Arm in Arm mit Flüchtlingen. Die eigentliche Völkerwanderung wird schon wegen einer nicht mehr zu stoppenden demographischen Überentwicklung von Afrika kommen.

Wenn grosse Teile von Völkern, wie von Syrern oder aus den Balkanländern und morgen noch mehr aus Afrika auswandern, wenn sie bereit sind, auf gefährlichen Überfahrten ihr Leben zu riskieren, ist der Begriff von der „Völkerwanderung" berechtigt. Er ist längst nicht mehr nur eine Erfindung, um unberechtigte Ängste zu schüren. Vor allem Kriege, Überbevölkerung und die Klimaentwicklung sind mächtige und für

Einleitung

eine lange Zukunft dauerhafte Kräfte hinter dieser Völkerwanderung. Bei der historischen Völkerwanderung der germanischen Stämme waren in den alten Zeiten weit weniger Menschen beteiligt, als heute allein in einem Jahr in Europa eintreffen. Damals gelangten ins römische Reich etwa 100.000 bis 120.000 Westgoten und etwa 150.000 Ostgoten. Die nach Afrika unter Geiserich ziehenden Vandalen umfassten etwa 80.000 Menschen. Die nach Gallien eingefallenen Franken waren nur 150.000 bis 200.000 Menschen stark.

Dieses Buch ist zum grösseren Teil in einer mittleren Stadt im Rheinland von 70.000 Einwohnern entstanden, in der einst 1995 auf Einladung des Bundeswirtschaftsministers der saudische König eine grosse Akademie mit Moschee bauen liess. Heute gibt es vier offen ausgewiesene Moscheen. Der Anteil derer mit nicht-deutscher Herkunft und meist muslimischer Religion ist auf 46 % gestiegen. Unter Alteinwohnern kursiert schon der Name „Neukölln". 2011 drehte RTL über den Ort eine Reportage mit dem Titel „Angst vor den neuen Nachbarn", der der steigenden Kriminalität von Migranten gewidmet war. Nachbarn haben mir empfohlen, bei Dunkelheit nicht durch den Stadtpark zu gehen, was ich früher bedenkenlos getan hatte. Ein lokaler Antiquitätenhändler wurde bedroht, weil er ein Marienbild in seinem Schaufenster hatte. Während meiner gelegentlichen Aufenthalten hier habe ich mir angewöhnt, bei den vielen voll oder teilweise zugehängten Frauen und anderen Zugwanderten die Kinderwagen zu zählen und dann mit denen der Deutschstämmigen zu vergleichen: meist sind die der Zugewanderten in der Mehrzahl.

Die Stadt vermittelt so einen Eindruck, wie es morgen auch ausserhalb der Grossstädte in Deutschland aussehen wird. Es war ein starkes Motiv für mich, über meine Eindrükke aus Deutschland zum Beginn der Zweiten Völkerwanderung zu schreiben.

Das Buch will den Bogen um die vielen Facetten dieses Themas schlagen, ohne dass es einfache Lösungen, für die es meist auch schon zu spät ist, anbieten kann. Leider kann es nicht ohne Fakten und deren Zahlen gehen. Dafür sollen aber viele Grafiken im zweiten Teil des Buches das Verständnis erleichtern. Auf sie wird mit hochgestellten Ziffern im ersten Teil verwiesen.

Bangor, den 1. November 2015

1. Fluchtursachen

Die Fluchtursachen sind zahlreich und nicht oder kaum zu beseitigen. Sie sind auch nicht nur zeitweise Erscheinungen sondern meist von langer Dauer und als Motiv für die Flucht, insbesondere von jüngeren Menschen, umso wirkungsvoller. An einem Ende stehen äussere und Bürger-Kriege. Viele, wie in Afghanistan, Irak und Syrien sind nach Eingreifen des „Westens" unter US-Führung entstanden oder verschlimmert worden. Bürgerkriege haben oft Ursachen in religiösem Streit, besonders zwischen muslimischen Schiiten und muslimischen Sunniten oder zwischen Muslimen und Christen oder Muslimen und Hindus, aber auch in den vielen Stammesfehden Afrikas, die teilweise Erbe der kolonialen Grenzziehungen sind. Die muslimische Terrororganisation IS allein ist für einen grossen Teil der Flüchtlinge aus Ländern im Mittleren und Nahen Osten sowie in Afrika verantwortlich.

Der zweite Ursachenkomplex hängt mit demographischen Entwicklungen und besonders der so ausgelösten Überbevölkerung, die ihrerseits zu Hunger und Arbeitslosigkeit führt, zusammen. Das wird besonders die Ursache für die anschwellenden Flüchtlingstrecks aus Afrika, auf die noch einzugehen

1. Fluchtursachen

ist, sein. Die Weltbevölkerung ist seit 1950 rasant von 2,5 Mrd. auf derzeit 7,3 Mrd. gewachsen und soll bis 2100 noch auf 11,2 Mrd. explodieren[2] Schub findet bei den Entwicklungsländern statt, und zwar von 1,7 Mrd. 1950 über 6,1 Mrd. 2015 und 8,4 Mrd. 2050 bis auf voraussichtlich 9,9 Mrd. im Jahre 2100 oder fast eine Versechsfachung über im historischen Massstab so wenige Jahre [3].

Dabei kommt die Wirtschaftsentwicklung der meisten Entwicklungsländer und vor allem diejenige von Subsahara-Afrika, wo die meisten Afrikaner leben, wesentlich schlechter voran als die der Industrieländer[4]. Die wirtschaftliche Misere überbevölkerter Länder wird noch durch die klimatische Entwicklung mit steigenden Temperaturen und häufigen Dürreperioden um den Äquator herum verschärft. Die UN Klimakonferenz sorgt sich besonders wegen der Gefahren für die Ernährung der Menschheit. Erträge bei Mais, Reis und Weizen sind in den Projektionen besonders betroffen mit Verlusten bis 2050 von über 25 %. Die Verluste werden vor allem auf der südlichen Hemisphäre erwartet[5]. Die Fischerei wird ebenfalls in vielen Ländern betroffen sein, weil viele Fischarten aus den wärmeren Gewässern auswandern werden. In einigen Teilen der Tropen und der Antarktis werden die Fischfänge voraussichtlich um mehr als 50 % zurückgehen.

Nach dem Welthungerbericht 2015 leiden in unserer Welt von heute 800 Millionen Menschen Hunger. Dazu meint Ralf Südhoff, Büroleiter des Welternährungsprogramms der UN in Berlin, die steigende Produktivität in der Landwirtschaft habe die globale Ernährungssituation etwas verbessert, vor allem in Lateinamerika. Dennoch habe jeder neunte Mensch nicht genug zu essen. In Asien seien immer noch mehr als 500 Millionen Menschen unterernährt, in Afrika und Ozeanien steige ihre Zahl sogar an. Zur Kürzung der deutschen Mittel für humanitäre Hilfe siehe Kapitel zum Syrien-Drama.

2. Sogfunktion der Diasporen

Hinzu kommen viele endogene oder aus den Fluchtländern heraus entstehende Fluchtgründe. Vor allem die verschiedenen Formen von Unterdrückung von Minderheiten, Korruption und Despotismus halten grosse Bevölkerungsteile in modernen Formen von Sklaverei und bitterster Armut, aus denen es nur den Ausweg der Flucht gibt, oft in Nachbarländer, aber zunehmend nach Europa. An diese Ursachen ist von Draussen kaum heranzukommen.

2. Die Sogfunktion der Diasporen

Nach Untersuchungen der Entwicklung von Migration, die vor allem der Migrationsforscher Paul Collier, Prof. in Oxford, betrieben hat, wird sie vor allem von zwei Faktoren bestimmt. Das ist einerseits der Unterschied im Lebensstandard zwischen Herkunft- und Aufnahmeland. Andererseits entscheidet die Grösse der schon eingewanderten Diaspora, die den Neuankömmlingen bei der Einwanderung behilflich wird und damit die Migration beschleunigt. Dabei hängt die Grösse der Diaspora wiederum von zwei Umständen ab, dem Zuzug von Migranten derselben Herkunft und der Integration von Migranten in die einheimische Bevölkerung, die im Erfolgsfall zu deren Rückzug aus der Diaspora führt. Auch hier spielt die Grösse der Diaspora eine Rolle: Je grösser die Diaspora, desto mehr Kontakte innerhalb und desto weniger nach draussen und desto geringer die Integration und damit der Rückzug aus der Diaspora.

In Deutschland haben beispielhaft Berlin und Köln seit vielen Jahren sehr grosse türkische Diasporen, in der sich türkische Immigranten zu Hause fühlen können, ohne sich integrieren zu müssen. Sie haben sich um kleine Knoten herum immer mehr erweitert. Auch die nun massenhaft ankommenden Syrer werden sich mit der Zeit in einigen Grossstädten konzentrieren, ebenso Menschen aus Afrika, vom Balkan oder aus Afghanistan.

Tatsächlich konzentrieren sich die Migranten vor allem in den deutschen Grossstädten mit Anteilen bis zu 42 % für Frankfurt schon in 2007[6]. Die Anziehung der Grossstädte ist stärker ausgeprägt als bei der einheimischen Bevölkerung, was nicht zuletzt mit dem Vorhandensein von Diasporen mit ihren Netzwerken von Unterstützern zusammenhängt. Auch viele der derzeitigen Flüchtlinge ziehen eigenmächtig aus den Aufnahmelagern in die Diasporen um.

Ein weiterer Umstand, der über die Integration entscheidet, ist der kulturelle Abstand zwischen Herkunfts- und Aufnahmeland. Je grösser dieser Abstand, desto schwieriger und seltener die Integration. Grosse Entwicklungsunterschiede kombiniert mit grossen kulturellen Abständen führen also zu einer relativ grossen Diaspora und beschleunigen so die weitere Entwicklung der Migration, die von diesem Umstand abhängt. Das gilt jedenfalls, solange die Migration nicht durch eine entschlossene Einwanderungspolitik und eine ausreichende Kontrolle der Grenzen des Aufnahmelandes begrenzt wird.

Ungebremst wird besonders die Immigration aus Afrika und dem Nahen Osten, aber auch dem verarmten Osten der Türkei weiter grosse Diasporen in Westeuropa aufbauen und dann mit der Hilfe solcher Diasporen noch stärker zunehmen. Die negativen Effekte der Emigration verschlechtern zudem die Situation in den Herkunftsländern weiter und heizen damit in einem Rückkoppelungsprozess die Fluchtbewegungen zusätzlich an.

3. Der West-Balkan kommt

Der West-Balkan hat bereits eine sehr alte Geschichte von Emigration nach Deutschland. Die Auflösung Jugoslawiens führte grausamen Bürgerkriegen und stark wachsender

3. Der West-Balkan kommt

Auswanderung, vor allem nach Deutschland. Auch an der derzeitigen Flüchtlingswelle sind Menschen aus dem früheren Jugoslawien und aus Albanien stark beteiligt.

Zwar wurden schon 2014 Mazedonien, Serbien und Bosnien-Herzegowina als „sichere Herkunftsländer" eingestuft, was die Asylgewährung unwahrscheinlich macht. Hinzu sind ab 1. November 2015 Albanien, Montenegro und der Kosovo gekommen. Dadurch wurden jedoch bisher nur sehr viele der Kosovaren abgeschreckt. Die Zahl der Asylanträge vom West-Balkan insgesamt stieg im bisherigen Verlauf des Jahres 2015 erheblich weiter an[7]. Viele bauen auf die lange Dauer, bevor es in Deutschland zu Abschiebungen kommt. So lassen sich trotz der Gesetzesverschärfung auch in diesem Jahr Menschen aus Serbien, Mazedonien und Bosnien-Herzegowina bisher nicht abschrecken; Mazedonier stellten sogar mehr Asylanträge als vor der Einstufung als sicheres Herkunftsland.

Der Widerstand einiger Bundesländer gegen die Einstufung als sichere Herkunftsländer musste zudem durch Erleichterungen für Asylsuchende bei der Arbeitsaufnahme in Deutschland erkauft werden. Für Fachkräfte mit einer anerkannten Ausbildung für einen Engpassberuf und für Menschen, die seit 15 Monaten ununterbrochen erlaubt, geduldet oder mit einer Aufenthaltsgestattung in Deutschland sind, entfällt nun die "Vorrangprüfung" für den Arbeitsmarktzugang. Bisher durften für das konkrete Stellenangebot keine deutschen Arbeitnehmer, EU-Bürger oder entsprechend rechtlich gleichgestellte Ausländer zur Verfügung stehen. Deutschland wird damit für diesen Personenkreis als Aufnahmeland noch attraktiver.

Das Gewicht des Westbalkans unter allen Flüchtlingen war bisher enorm hoch. In den ersten 9 Monaten 2015 kamen noch mehr als 35 % aller Asylsuchenden von dort und damit weit mehr als aus Syrien (20 %[8]). Der Eindruck eines syrischen Übergewichts entsteht nur durch die Aufteilung des

West-Balkans. Seitdem dürften sich die Gewichte durch den stärkeren Zustrom der Syrer etwas weiter in deren Richtung verlagert haben. Allerdings werden sich viele Balkanflüchtlinge illegal und dementsprechend ungezählt in Deutschland aufhalten, was durch die relativ grossen Diasporen dieser ethnischen Gruppen in Deutschland erleichtert wird. Die fortschreitende Erweiterung der EU wird Menschen vom West-Balkan ohnehin die Arbeitnehmerfreizügigkeit geben und dann erst recht die Schleusen öffnen.

4. Das Syrien-Drama

Auch der Konflikt um Syrien hat eine lange Geschichte. Nach einem Bericht in der ZEIT soll seit Ausbruch des Bürgerkriegs im Frühjahr 2011 bereits eine Viertelmillion Menschen umgekommen sein. Das UN Office for the Coordination of Humanitarian Affairs (OCHA) schätzte schon Mitte 2014, dass 10,8 Mio. Syrer der insgesamt 22 Millionen vom Konflikt betroffen seien und humanitäre Hilfe brauchten, darunter 6,5 Millionen die innerhalb Syriens auf der Flucht seien, und dass diese Zahl weiter zunehmen würde. Etwa vier Millionen Syrer leben inzwischen in Nachbarländern[9].

Der Zustand ist äusserst labil. Die schon nach Europa geflüchteten ziehen andere nach und auf jeden Fall ihre zahlreichen Familienangehörigen. Auch die Millionen auf der Flucht innerhalb Syriens werden sich bei einer Ausbreitung der Kämpfe, vor allem um die zweitgrösste Stadt Aleppo, ausser Landes begeben und wahrscheinlich zu einem grossen Teil nach Europa. Im Oktober 2015 berichtete die BBC, in den südlichen ländlichen Gegenden um Aleppo gäbe es nach Angriffen der von russischen Flugzeugen unterstützen Truppen Assads mindestens 70.000 verzweifelte Flüchtlinge. Sie hätten weder Zelte, noch Verpflegung und bettelten um Brot. Eine medi-

4. Das Syrien-Drama

zinische Versorgung gäbe es nicht. Die Bombardierung sei pausenlos, der Himmel voller Kampfflugzeuge und Hubschrauber. Die Flüchtlinge litten unter Todesängsten. Der türkische Ministerpräsident warnte, die Kämpfe um Aleppo könnten eine Welle von Flüchtlingen über die syrischen Grenzen auslösen.

Unverantwortlich und ein schwerer Fehler: Die Bundesregierung hatte, wie andere Regierungen, die Versorgungslage in den Lagern um Syrien herum total aus den Augen verloren. Dies geschah, obwohl die Weltflüchtlingsorganisation immer wieder den Mangel an Geldern und die dadurch zunehmende Unterversorgung beklagt hatte. Von der Kürzung der deutschen Beiträge zur humanitären Hilfe waren auch diese Lager betroffen. So beklagte Sudhoff, Büroleiter des Welternährungsprogramms der UN in Berlin, wegen der Kürzung erhielten fast 1,7 Millionen syrische Flüchtlinge, die das Welternährungsprogramm versorge, künftig zu wenig zu essen. Eigentlich benötigten sie mindestens 2100 Kalorien am Tag. Stattdessen könnte man ihnen nur noch 1400 Kalorien geben, höchstens. Unter dem Druck der humanitären Situation hat die Bundesregierung die Mittel im Haushalt für 2015 dann auf 400 Mio. Euro erhöht. Doch auch das war unzureichend, denn aus dem Vorjahreshaushalt waren nach Umschichtungen bereits 412 Mio. Euro für diesen Zweck ausgegeben worden. Nicht nur die schlechte Versorgung treibt die Flüchtlinge aus den Lagern. Die türkische Regierung erlaubt ihnen nicht, in der Türkei Arbeit aufzunehmen, so daß ein Teil von ihnen nur illegal zu niedrigsten Löhnen arbeiten kann.

Das Syrien-Drama ist also längst nicht zu Ende. Deutschland ist Hauptziel der syrischen Flüchtlinge geworden, seit die Bundeskanzlerin unter Verletzung des Dublin-Abkommens über die Registrierung von Flüchtlingen im Erstaufnahmeland den syrischen Flüchtlingen zugesichert hat, sie nicht wieder zurückzuschicken und für sie die deutschen Grenzen weit offen zu halten. Syrische Flüchtlinge erhalten automatisch in Deutschland Asyl, auch wenn sie aus sicheren Lagern, vor allem in der Türkei, kommen. Insgesamt lag die Zahl der in Deutschland lebenden Syrer im Juli 2015 bei 161.000. Doch allein im September stellten weitere 17.000 einen Asylantrag. Es werden also immer mehr werden, ohne daß ein zeitliches Ende in Sicht wäre.

5. Trampelpfade aus Afrika

Die derzeitige deutsche Diskussion um eine eventuelle Begrenzung der Flüchtlingsflut und um die Grenzen der Integration nimmt sich schon fast komisch aus, wenn man sie an dem misst, was Europa in den kommenden Jahrzehnten allein aus dem benachbarten Kontinent Afrika zu erwarten hat. Dort leben zurzeit 1,2 Milliarden Menschen. Die Geburtenraten von Kindern pro Frau sind vor allem in den islamischen Ländern Afrikas enorm hoch, in Subsahara-Afrika, wo die meisten Afrikaner leben, dreimal höher als in Europa[10]. Daher wird die afrikanische Bevölkerung nach den Voraussagen des UN Bevölkerungsprogramms in nur 35 Jahren bereits auf 2,5 Milliarden angestiegen sein oder mehr als doppelt so viele wie heute[11,12]. Die unter 25 Jahre werden von derzeit 0,7 Milliarden auf 1,3 Milliarden zunehmen. Dann würden 37 % aller Menschen der Welt unter 25 Jahre allein in Afrika leben. In Subsahara-Afrika wird sich die Bevölkerung bis 2050 auf das 2,2-Fache, in Nordafrika um fast die Hälfte erhöhen, während sie in Deutschland um 12 % fallen soll[13]. Das sind viele Zahlen. Doch sie sind auch für unsere Zukunft enorm wichtig.

In vielen Ländern Afrikas ist die Arbeitslosenrate, soweit sie von der ILO überhaupt erfasst wird, schon jetzt sehr hoch[14]. Das gilt vor allem für Jugendliche: Unter männlichen Jugendlichen Nordafrikas ist sie mehr als dreimal so hoch wie unter

5. Trampelpfade aus Afrika

männlichen Erwachsenen, unter weiblichen sogar mehr als sechsmal. Fast 20 % der Arbeitnehmer in Nordafrika müssen mit ihren Familien von weniger als 2 $/Tag leben. In Subsahara-Afrika ist noch viel schlimmer.

Angesichts der Begrenzung der Arbeitsplätze und der Ernährungssituation sowie anhaltender Bürgerkriege und oft brutaler Unterdückung werden in den kommenden Jahrzehnten sehr viele Afrikaner zur Auswanderung gezwungen sein, um zu überleben. Die Hauptauswanderungsrichtung wird das benachbarte Europa sein. Seine Bevölkerung wird bis dahin von 738 Millionen auf 707 Millionen oder wenig mehr als ein Drittel der afrikanischen absinken und voraussichtlich immer noch in relativem Wohlstand leben[15]. Die klassischen Einwanderungsländer USA, Kanada und Australien werden ihre Grenzen dicht halten. Nach Asien oder Südamerika werden die Auswanderer aus Afrika kaum ziehen wollen oder können. Es bleibt also nur Europa als sicherer Hafen für Flüchtlinge aus materieller Not und solche aus Bürgerkriegen.

Die grosse Frage ist: Wie viele Afrikaner werden sich auf den Weg nach Europa machen? Diese hat sich auch Prof. Gunnar Heinsohn, der Militärdemographie am NATO Defense College (NDC/Rom) und an der Bundesakademie für Sicherheitspolitik (BAK/Berlin) lehrt, gestellt. Er verweist auf eine globale Gallup-Umfrage von 2009. Schon damals wollten 38 % der in den Subsahara-Ländern Befragten dauerhaft auswandern, wenn sich die Gelegenheit dafür ergäbe, der weitaus grösste Anteil um den Globus herum[16]. Bis zum Jahr 2050 dürfte der Anteil der Auswanderungsinteressierten noch erheblich zugenommen haben. Selbst wenn er nicht weiter stiege und nur die Hälfte der 2009 an der Auswanderung Interessierten den Plan bis dahin umsetzen würde, wären das bei einer Gesamtbevölkerung von 2.1 Mrd. Menschen, die dort um das Jahr 2050 leben sollen, mehr als 400 Mio. Menschen

5. Trampelpfade aus Afrika

oder 19 % der Gesamtbevölkerung. Allein durch die Zuwanderung aus Subsahara-Afrika würde sich die Bevölkerung in Europa um 60 % erhöhen, die Deutschlands bei einer weiter einseitigen Verteilung noch viel mehr. Wie erwähnt, wird dabei unterstellt, dass nur ein sehr kleiner Teil in Länder ausserhalb Europas auswandern kann oder will.

Je mehr Flüchtlinge Europa jetzt aufnimmt, umso grösser auch der Sog auf Afrika. Die deutschen Willkommenssignale werden im Zeitalter der globalen Digitalisierung in Afrika ebenso empfangen wie in den Flüchtlingslagern der Syrer oder in Afghanistan. Beispielsweise leben in den Zelten des Flüchtlingslagers Dadaab in Kenia allein 300.000 Menschen. Es sind vor allem Flüchtlinge aus Somalia, wo seit 1994 der Bürgerkrieg tobt. Nun droht die kenianische Regierung mit der Schließung des Lagers. Im Südsudan sind derzeit wegen der Kämpfe nach UN-Angaben mindestens 30.000 Menschen vom Hungertod bedroht.

Die Fluchtwege aus Afrika an das Mittelmeer sind bereits breit getrampelt[17]. Die Nordafrikaner, von denen ebenfalls viele fluchtbereit sind, leben direkt vor der europäischen Haustür. Will man beim Asylrecht dann wirklich einen Unterschied machen zwischen denen, die vor dem Hungertod fliehen, und denen, die von Bürgerkriegen vertrieben werden, zumal Hunger und Bürgerkriege oft zusammengehen werden?

Merkels derzeitige Politik vom grenzenlosen Deutschland und einem unbegrenzten Asylrecht wird sich bei dieser Situation nicht durchhalten lassen. Sie würde die EU auseinanderbrechen lassen und in Deutschland zu unerträglichem Chaos führen. Selbst wenn bald Grenzen eingezogen würden, werden die jetzt ausgelösten Trecks nach Europa und vor allem Deutschland allenfalls in längeren Zeiträumen abklingen. Schon die Familienzusammenführung wird die derzeitigen Flüchtlingszahlen auf ein Mehrfaches anschwellen lassen.

6. Die Bundeskanzlerin winkt die Flüchtlinge rein, ihr „ohnmächtiges" Warten an der Notbremse

Es war eine einsame Entscheidung, ohne Anhörung des Parlaments und ohne Rücksicht auf die in der deutschen Bevölkerung nach einem Stimmungswechsel zu erwartenden Ängste. Es war auch eine Entscheidung ohne Rücksicht auf alle Informationen von der labilen Lage in den syrischen Flüchtlingslagern jenseits des Landes mit vier Millionen Menschen und unter den sieben Millionen an andere Orte innerhalb Syriens Geflüchteten. Am 25. August 2015 erklärte das Bundesamt für Flüchtlinge und Migration:

„Dublin-Verfahren syrischer Staatsangehöriger werden zum gegenwärtigen Zeitpunkt vom Bundesamt für Migration und Flüchtlinge weitestgehend faktisch nicht weiter verfolgt. Die noch nicht abgeschlossenen Verfahren werden in Deutschland bearbeitet. Die Entscheidung hat humanitäre Gründe, zudem können dadurch die Verfahren schneller bearbeitet werden."

Nach dem einseitig von Merkel aufgekündigten Dublin-Verfahren war eigentlich das Erstaufnahmeland in der EU für das Asylverfahren zuständig und müssen illegal in andere EU-Länder eingereiste Flüchtlinge dorthin zurück geschickt werden. Ungarn reagierte prompt und schickte von nun an syrische und dann auch andere Flüchtlinge direkt nach Österreich und Deutschland weiter. Andere Durchgangsländer schlossen sich an. Wenig später wurden Züge und Busse eingesetzt, um die Menschen möglichst rasch aus dem Lande zu befördern. Die überraschende Meldung aus Deutschland ging um die Welt und bewog immer mehr Flüchtlinge aus Syrien und solche, die sich nun passlos als Syrer ausgaben, zum langen, oft gefahrenvollen Marsch in das gelobte Land. Flücht-

6. Die Bundeskanlerin winkt die Flüchtlinge rein

linge aus anderen Ländern und mit anderen Pässen glaubten auf eine gleiche Behandlung pochen zu können, da ihre Lage nicht viel anders war.

Mehrere Flüchtlinge in Jordanien sagten in Telefoninterviews mit SPIEGEL ONLINE, die Ankündigung Deutschlands zur unbürokratischen Anerkennung von syrischen Asylsuchenden habe sich unter ihren Landsleuten wie ein Lauffeuer verbreitet. Auch die grosse Sympathie für Merkel, die von den Syrern in sozialen Netzwerken teilweise fast wie eine Heilige verehrt wird, bewegt offenbar viele der Flüchtlinge, über eine Reise nach Deutschland nachzudenken oder sie bereits zu planen. Bei den Flüchtlingen heisst es, besonders die Bilder aus Deutschland, wo ankommende Syrer fast begeistert an den Bahnhöfen empfangen werden, wirke auf viele erstmals seit Jahren wieder wie eine echte Chance auf ein besseres Leben.

In Deutschland galt ab dieser Stunde null eine unglaubliche Willkommenskultur, die von den Medien in gleichgeschalteter Form und unter besonderem Einsatz von Bildern hilfesuchender Kinder immer weiter angeheizt wurde. Frau Merkel besuchte mit grosser Medienbegleitung die Flüchtlingslager und liess sich mehrfach von Flüchtlingen für Selfies mit der Kanzlerin ablichten. Auch diese Fotos gingen als Beweis für das deutsche Interesse an Flüchtlingen um die Welt. Sie liessen unsere westlichen Partner erstaunen und steigerten so noch das Wohlgefühl in Deutschland, wo man sich wie nach der Fussballweltmeisterschaft erneut als „gute Deutsche" registriert sah. Dass vorher Asylunterkünfte in Deutschland gebrannt hatten, sollte nun vergessen sein. Natürlich wurden so zusätzlich starke Signale in den Flüchtlingslagern fern von Deutschland gesetzt.

Wie kaum anders zu erwarten, führten die immer zahlreicher in München eintreffenden Flüchtlinge ziemlich bald zu Sorgen in Teilen der Bevölkerung, besonders dort, wo man

6. Die Bundeskanlerin winkt die Flüchtlinge rein

die Konkurrenz um Sozialleistungen, niedrigqualifizierte Arbeitsplätze und billigen Wohnraum befürchtet. Doch die Kanzlerin reagierte auf solche Sorgen unerwartet trotzig. Im Fernsehen kam ein emotionales Bekenntnis, wie man es von ihr bisher nicht kannte. Deutschland wäre nicht "ihr" Land, wenn man die Flüchtlinge nicht in Deutschland begrüssen könnte. Es ging den Besorgten aber gar nicht um den freundlichen Empfang als solchen, sondern nur darum, wie viele Flüchtlinge Deutschland wirklich begrüssen kann und wie stark die deutschen Arme ausgebreitet werden müssen, ohne selbst Schaden zu nehmen.

Und das Land gehört der Kanzlerin ohnehin nicht. Es gehört uns allen. Wenn Merkel es durch eine falsche Politik schädigt, müssen wir es alle ausbaden. Die Kanzlerin blieb bei ihrem Credo und weigerte sich, das Signal „Wir schaffen das" abzublasen und potenzielle Flüchtlinge in den fernen Lagern wissen zu lassen, dass die Aufnahmekapazitäten des Landes derzeit erschöpft seien.

Nun wird mit den Meinungsumfragen, wie dem Politik-Barometer oder dem Deutschlandtrend, immer deutlicher, dass Merkels Land eben mehrheitlich nicht unser Land ist und dass sie unvorsichtig ein Land einprogrammiert hat, das wir nicht wiedererkennen würden, und das deshalb von immer noch zunehmenden Mehrheiten abgelehnt wird. Wie viel deutlicher kann das Signal noch ausfallen, wenn die Zahl derer, die nicht mehr an die Verkraftbarkeit der Flüchtlingslawine glaubt, nach ZDF-Politbarometer innerhalb von 2 Wochen von 40 % auf 51 % steigt[18,19], wenn nur noch eine Minderheit von 46 % glaubt, dass Frau Merkel ihre Arbeit in dieser Hinsicht gut macht und 48 % diese Arbeit schlecht finden? Die detaillierte Bilanz der Sorgen der Deutschen wegen der Flüchtlinge sieht inzwischen schlimm aus[20].

7. Weiterverteilen und Abschieben klappt nicht

Die Bundeskanzlerin hatte einen riesigen Check zu Lasten der deutschen Sozialkassen und des deutschen Arbeitsmarktes ausgestellt und anschliessend aller Welt nur noch ihre weit ausgebreiteten "Mutti-Arme" gezeigt. Angesichts des wachsenden Widerstands gegen ihre Politik erklärt sie sich nun für ohnmächtig: Es läge nicht in unserer (meint: ihrer) Hand, wie viele Flüchtlinge zu uns kommen - nach der Vorgeschichte eine wenig überzeugende Behauptung. Ebenso haben sich deutsche Politiker immer als gegenüber der Globalisierung ohnmächtig erklärt und damit Massnahmen wie Hartz 4 rechtfertigt. So Gerhard Schröder: "Man darf ja nicht darüber hinwegsehen, dass die Globalisierung uns zu bestimmten Massnahmen zwingt". Oder Bundespräsident Köhler: "Die Welt ist in einem tief greifenden Umbruch. Wer hier den Zug verpasst, bleibt auf dem Bahnsteig stehen". Auch der frühere Brüsseler Industriekommissar Günter Verheugen (SPD) argumentierte: "Wir müssen unsere Volkswirtschaften bewusst dem Wettbewerb aussetzen. Die Verlagerung von Arbeitsplätzen in billiger produzierende Länder ist nicht mehr aufzuhalten." Die Ohnmacht ist immer vorgespielt, wenn man die Wahrheit nicht einräumen will.

Und will die Kanzlerin eigentlich wirklich wissen, dass wir das mit den Flüchtlingen schaffen, wenn sie keine Ahnung hat, wie viele kommen werden?

7. Weiterverteilen in der EU und Abschieben klappt nicht

Weitaus die meisten Flüchtlinge wollen innerhalb der EU nach Deutschland[21]. In ihrer Not verlegte sich die Bundesregierung auf die Weiterverteilung der Flüchtlinge in der EU. Das sollte nicht zuletzt die besorgten Deutschen beruhigen. Dabei sollten die Flüchtlinge nicht einmal von Deutschland wegverteilt werden, weil sie Deutschland niemand abgenommen

7. Weiterverteilen und Abschieben klappt nicht

hätte, sondern aus Italien, Griechenland und Ungarn, damit sie von dort gar nicht erst nach Deutschland kämen. Doch die EU-Partner sehen bisher wenig Anlass, die deutsche Willkommenskultur mit einer Aufnahme von Flüchtlingen zu honorieren. Vereinbart - aber bisher immer noch nicht umgesetzt - wurde nur die Weiterverteilung von 160.000 Flüchtlingen, von denen Deutschland noch einmal 41.000 aufnehmen soll. Selbst dabei mussten vier osteuropäische Staaten überstimmt werden (Finnland enthielt sich) und haben sich grollend zu einer Widerstandsfront vereinigt. So hat die EU einen weiteren tiefen Riss bekommen. Deutschland hat, wie schon in der Eurokrise, seine Macht auszuspielen versucht. Freunde schafft das nicht.

Es nützt der Bundesregierung also wenig, sich jetzt hinter neuen EU-Regeln verstecken zu wollen, um nicht die eigenen Fehler einräumen zu müssen. Die EU wird die Bundeskanzlerin und Deutschland nicht aus dem selbstangerichteten Feuer holen, und schon gar nicht, während Deutschland in moralischer Überheblichkeit noch seine Willkommenskultur zelebriert.

Kritik an Deutschland kommt zudem wegen der mangelhaften Abschiebung nach Asylablehnung auf. Die EU-Kommission hat deswegen bereits Klarstellungen von der Bundesregierung verlangt. Tatsächlich ist die Zahl der in Deutschland nach Asylablehnung „Geduldeten" sehr hoch. Abschiebungen sind immer noch in einigen Kreisen, wie bei den Grünen und den Kirchen oder der LINKE, unpopulär und stossen oft auf demonstrativen Widerstand an den Flughäfen. Die Abschiebequote beträgt derzeit nur 5 % der abgelehnten Anträge[22].

Übrigens haben die ehemals skandinavischen Vorzeigeländer in liberaler Migrationspolitik längst die Bremsen eingelegt. Dänemark hat vor kurzem die Leistungen für Flüchtlinge

7. Weiterverteilen und Abschieben klappt nicht

erheblich abgesenkt. Unter anderem wurden Familienzusammenführungen erschwert und die Möglichkeiten für dauerhafte Arbeits- und Aufenthaltsgenehmigungen immer weiter eingeschränkt. Die Regierung hat in Zeitungen im Nahen Osten eine abschreckende Anzeige geschaltet, dass die Sozialhilfen für Flüchtlinge in Dänemark gekürzt worden seien und Abschiebungen rigoros durchgeführt würden. Der rechtsliberale Ministerpräsident Lars Løkke Rasmussen hat die Parlamentswahl im Mai vor allem mit einem harten Kurs in der Ausländerpolitik gewonnen. Die scharfen Töne sind vor allem eine Folge des Einflusses der rechtspopulistischen Volkspartei, die seit vielen Jahren gegen Ausländer agitiert und im Mai 21,1 % der Stimmen erhielt. Auch Sozialdemokraten sprechen sich nun für eine starke Begrenzung der Zuwanderung aus.

In Norwegen hat das Parlament beschlossen, in diesem Jahr gerade einmal 8.000 Flüchtlinge aufzunehmen, was pro Kopf nur wenig mehr als ein Zehntel der in diesem Jahr in Deutschland erwarteten Menge entspricht. Der Soziologe und Sozialdemokrat Harald Eia nennt Gründe für die Sorgen seiner Landsleute: Die Flüchtlinge stammten regelmässig aus Ländern, in denen dem Staat nie vertraut werden konnte, sondern in denen er dem Bürger gegenüber sogar als Feind auftrat. Die Norweger fragten sich deshalb, wem die Loyalität der Einwanderer gehört. Dem Staat? Ihrer Familie? Allah?

In Schweden, das bisher immer das Modelland war, gibt es in Stockholm, Malmö und anderswo inzwischen regelrechte Immigranten-Ghettos mit hohen Kriminalitätsraten und verbreiteter Arbeits- und Perspektivlosigkeit unter den Flüchtlingen. In den Vororten von Malmö etwa kam es mehrfach zu Krawallen. Die rechtspopulistischen Schwedendemokraten erhielten bei der jüngsten Parlamentswahl 13 % der Stimmen, in Umfragen erreichen sie derzeit bis zu 20 %. Dass immer noch so viele Flüchtlinge nach Schweden wollen, dürfte in erster Linie mit den dort schon angekommenen Verwandten und Nachbarn zusammenhängen. Hier zeigt sich nur, wie schlecht der Zustrom von Flüchtlingen zu bremsen ist, wenn erst einmal eine kritische Masse aus einem bestimmten Herkunftsland angekommen ist.

8. Grenzen für die Integration

Von allen Facetten der Flüchtlingskrise ist die Integration in die deutsche Gesellschaft das schwierigste Thema mit den grössten Meinungsunterschieden. Noch halten nach dem ZDF-Polit-Barometer vom Oktober 2015 39 % der Befragten die derzeitigen Flüchtlinge für integrierbar[20]. Dabei hängt von der Integrierbarkeit ab, ob Deutschland den Zulauf so vieler Flüchtlinge am Ende wirklich verkraften kann, ohne sein Sozialsystem und seinen kulturellen Zusammenhalt zu gefährden. Auf einen meiner kritischen Rundbriefe erhielt ich eine wahrscheinlich für die Unbesorgten typische Reaktion:

"Die Flüchtlinge sind überwiegend jung, überdurchschnittlich gut ausgebildet und dynamisch, auch vom sozialen Hintergrund her eher im Mittelstand oder darüber anzusiedeln. Dass eine der reichsten Nationen dieser Welt die Integration einer solchen Gruppe nicht leisten könnte, erscheint kaum plausibel."

Bekannte Integrationsprobleme

Die Gründe, warum sich Deutschland mit der Integration von Menschen mit Migrationshintergrund schon bisher besonders schwer tut, sind vielfältig. Zu viele Ausländer werden ohne schulische oder berufliche Bildung hereingelassen und scheitern teilweise schon beim Erlernen der deutschen Sprache. So kann sich nach Feststellungen der Bundesagentur für Ar-

8. Grenzen für die Integration

beit ein Drittel der Migranten, die Hartz-IV bekommen, nur "schwer" oder "sehr schwer" auf Deutsch verständigen.

Unsere Schulen sind unterfinanziert, vor allem im Grundschulbereich, wo die Bildungskarrieren entschieden werden. Das bedeutet zu grosse Klassen und einen Mangel an Lehrpersonal, vor allem auch solchem, das selbst einen ausländischen Hintergrund hat und dementsprechend besser mit der deutschen Umgebung vermitteln kann. Zudem leben Menschen mit Migrationshintergrund oft sehr konzentriert. In den den lokalen Schulen wird ihr Anteil dann so hoch, dass kaum noch Berührung mit einheimischer Bevölkerung möglich ist, die dann ihre Kinder nicht selten auf andere Schulen schickt.

Die OECD hat in ihrer Kompetenzstudie von 2013 den Unterschied in der Lesefähigkeit zwischen Erwachsenen mit Eltern ohne Oberschulabschluss und solchen mit Eltern, von denen mindestens ein Teil Universitätsabschluss hat, international verglichen. Nirgendwo, ausser in USA ist der Unterschied so gross wie in Deutschland (Abb. 17890). Da also Eltern mit wenig Bildung in Deutschland durchschnittlich oft zu Kindern mit wenig Bildung führen, hat sich dieser Effekt, demgegenüber das deutsche Schulsystem versagt, über die Jahre verstärkt.

In den meisten OECD-Ländern ist die intergenerationale Bildungsmobilität nach oben hin stärker ausgeprägt als nach unten - anders ausgedrückt: Der Anteil der jungen Erwachsenen, die ein höheres Bildungsniveau erreichen als ihre Eltern, ist höher als der Anteil der jungen Erwachsenen, die ein geringeres Bildungsniveau erreichen. In Deutschland ist dies jedoch nicht der Fall: 20 % der 25- bis 34-Jährigen, die nicht mehr an Bildung teilnehmen, ist es gelungen, ein höheres Bildungsniveau zu erreichen als ihre Eltern, wohingegen 22 % dieser Altersgruppe ihre Ausbildung mit einem niedrigeren Niveau abgeschlossen haben. Im OECD-Vergleich mit einem

8. Grenzen für die Integration

Durchschnitt an Aufwärtsmobilität von 37 % gegen Abwärtsmobilität von nur 13 % belegt Deutschland den ungünstigsten Platz[24].

Schon jetzt verfallen nach einem Bericht in der ZEIT quer durch Deutschland die Schulen, werden gerade soweit instand gesetzt, dass sie noch den Brandschutzbestimmungen entsprechen, haben sich quer durch Deutschland Eltern und Schüler daran gewöhnt, dass Kommunen nur eingreifen, wenn Eltern lautstark protestieren, die Lokalpresse berichtet oder die Schliessung einer Schule droht. Dort, wo die Grundlage für den deutschen Wohlstand von morgen gelegt wird, gleicht Deutschland einer Bildungsbaracke. Es herrscht ein Investitionsstau, der so gross ist wie beim Strassenbau. Und diese Schulen sollen nun auch noch die vielen Flüchtlingskinder aufnehmen.

Und kaum irgendwo ist der Schulerfolg so von der finanziellen Situation der Eltern abhängig wie in Deutschland. Im Ergebnis der vielen Mängel des deutschen Schulsystems sind Kinder mit Migrationshintergrund, die nicht auf Privatschulen ausweichen können, in ihrer schulischen Entwicklung besonders negativ betroffen.

Erfahrungen mit muslimischen Immigranten und besonders denen aus der Türkei

Der Islam als bei Weitem wichtigste Religionsgruppe unter Menschen mit Migrationshintergrund kann selbst zum Integrations-Hindernis werden, indem Menschen dieser Religion ihren Glauben in extreme Formen steigern, oder indem sie sich mehr im Islam als in Deutschland zu Hause fühlen und dabei das laizistische Modell des deutschen Grundgesetzes mit der Trennung von Staat und Kirche von vornherein ablehnen.

8. Grenzen für die Integration

Integration kann sich Deutschland auch als reiches Land nicht kaufen, schon weil sie vom Willen und den Fähigkeiten der zu Integrierenden entscheidend abhängt. Auch das reichste Land kann sich daran die Zähne ausbeissen. In diesem Sinne war die Integration der Millionen Gastarbeiter und ihrer Angehörigen aus türkisch Anatolien, von denen heute etwa 2,5 Millionen bei uns leben, selbst in der zweiten und schon dritten Generation keine Erfolgsgeschichte. In vielen Grossstädten leben viele dieser Menschen heute in Parallelgesellschaften, sprechen kaum Deutsch, richten sich nach den Regeln des Korans (vor allem in der Behandlung der Frauen) und leben zu grossen Teilen von Gelegenheitsarbeit und Sozialleistungen.

An Eltern-Kind-Kursen, die für die kindliche Entwicklung sehr wichtig sind, nehmen türkische Kinder kaum teil[25]. Bei Herkunft aus der Türkei sind die Anteile von Kindern, deren Eltern nur einen niedrigen Bildungsabschluss haben mit 45 % sehr hoch[26]. Nur 20 % der Kinder mit türkischem Hintergrund wird von der Schule der Übergang aufs Gymnasium empfohlen, viel weniger als die 49 % bei Kindern ohne Migrationshintergrund. Die Bildungsdefizite halten sich also in den Familien. Hinzu kommt in türkischen Familien der begrenzte Gebrauch von Deutsch als Hauptsprache. Hauptsächlich Deutsch sprechen nach einer Studie des Deutschen Jugendinstituts nur 38 % der Mädchen und 45 % der Jungen. Dabei erreichen 9-12-jährige Kinder, in deren Familien nur Türkisch gesprochen wird, im Durchschnitt nur eine Deutschnote von 2,8 gegenüber 2,4 für Kinder aus Familien, in denen nur Deutsch gesprochen wird. Dass ausgerechnet die türkischen Mädchen noch gegenüber den Jungen zurückliegen, verspricht Schwierigkeiten bei der Integration der von diesen Mädchen aufgezogenen nächsten Generation.

8. Grenzen für die Integration

Sehr viele gerade türkische Familien schicken ihre Kinder nicht in den deutschen Kindergarten, eine hohe Hürde in der vorschulischen Bildung.

So kann nicht überraschen, wenn bei Menschen mit türkischem Hintergrund der Anteil mit berufsqualifizierendem Bildungsabschluss mit 27 % bei den Männern und gerade einmal 18 % bei den Frauen sehr niedrig ist, obwohl die Familien schon sehr lange in Deutschland leben[27]. Das deutsche Schulsystem hat daran wenig ändern können.

Insgesamt stammen fast ein Drittel (31 %) aller Ausländer in Deutschland aus Ländern, die ganz oder zu sehr grossen Teilen muslimisch geprägt sind, wie Türkei, Bosnien/Herzegowina, Albanien und Kosovo aus muslimisch geprägten Staaten. Derzeit wird mit ca. 4 Mio. Muslimen in Deutschland gerechnet. Dabei steigt der muslimische Bevölkerungsteil an der deutschen Bevölkerung schon wegen der vergleichsweise hohen Geburtenziffer noch schneller als der Anteil der Menschen mit Migrationshintergrund insgesamt.

Auch bei den Muslimen gibt es sehr viele Beispiele erfolgreicher Integration. Besonders die Alewiten, von denen in Deutschland rund 500.000 oder 13 % der hiesigen Muslime leben, integrieren sich relativ gut. Sie sind wegen der im Grundgesetz garantierten Religionsfreiheit gerne in Deutschland. Anders als im sunnitischen oder schiitischen Islam spielt die islamische Rechtsordnung Scharia im Alewitentum direkt keine Rolle. Deshalb stellt sich für Alewiten in Deutschland auch nicht die Frage, ob Scharia und Grundgesetz vereinbar sind. Sie beziehen sich in ihrer Spiritualität zwar auf den Koran, lehnen jedoch seinen rechtsprägenden, bis in das tägliche Leben alles beherrschenden und allumfassend bestimmenden Anspruch ab.

Andererseits gibt es vor allem unter den sunnitischen Muslimen - der Mehrheitsgruppe aller Muslime in Deutsch-

8. Grenzen für die Integration

land - einen hohen Anteil von Menschen, für die die Befolgung der religiösen Gebote wichtiger als die der staatlichen Gesetze ist. Eine Studie des Bundesinnenministeriums unter dem Titel "Lebenswelten junger Muslime in Deutschland" fand das schon im Juli 2011 heraus[28]. Eine solche Einstellung behindert natürlich die Integration. Gerade bei der grössten Migrationsgruppe, den Türken, ist die Integrationsbereitschaft sehr oft unterentwickelt[29].

Zum Problem ist auch die Tätigkeit von Scharia-Richtern geworden. So soll sich in den vergangenen Jahren nach Medienberichten in zahlreichen muslimisch geprägten Einwandererviertein grosser deutscher Städte eine islamische Paralleljustiz gebildet haben. „Friedensrichter" - oft sind es Imame - sollen dort als Vermittler zwischen Tätern und Opfern von Verbrechen oder familiären Streitigkeiten auftreten. Dabei verhandeln die selbst ernannten Richter an der deutschen Justiz und den Polizeibehörden vorbei und unterlaufen damit das Strafmonopol des deutschen Rechtsstaates. In Bremen, Nordrhein-Westfalen und vor allem in Berlin sind die Probleme mit islamischer Selbstjustiz inzwischen gravierend. In Bremen soll es beim Ausgleich nach Friedensrichter-Manier feste Sätze je nach Art der Verletzung geben. Eine Stichwunde soll den Täter etwa 10.000 Euro, eine schwerere Verletzung bis zu 40.000 Euro Schmerzensgeld kosten.

In seinem Bestseller „Neukölln ist überall" verweist der frühere Neuköllner Bezirksbürgermeister Buschkowsky auf die in Deutschland 2009 erfolgte Aufhebung des bis dahin bestehenden Verbots rein kirchlicher Ehen. Nach Ansicht der türkische Frauenrechtlerin und Rechtsanwältin Seyran Ates wurden damit der muslimischen Vielehe - vier Ehefrauen sind erlaubt - und der Zwangsverheiratung in Deutschland Tor und Tür geöffnet. Solche selbst in der Türkei nicht zulässige Ehe führten dazu, dass die Frauen völlig rechtlos seien und keinerlei Unterhalts- oder Erbansprüche geltend machen könn-

8. Grenzen für die Integration

ten. Nach Buschkowsky muss man sich die Begründung der Aufhebung des Verbots rein kirchlicher Ehen auf der Zunge zergehen lassen:

„Die Erfahrungen haben gezeigt, dass andere (als die katholische und evangelische Kirche) in Deutschland vertretene Religionsgemeinschaften trotz wiederholten Hinweises durch verschiedene deutsche Stellen nicht dazu bewegt werden konnten, ihre Eheschliessungspraxis nach den §§ 67, 67a Personenstandsgesetz (= kirchliche Trauung erst nach standesamtlicher Eheschliessung zulässig) auszurichten. Es sollte daher bei dem Wegfall der im Verhältnis zu den beiden grossen Kirchen nicht erforderlichen und sonst offenbar wirkungslosen Vorschrift verbleiben."

Und weiter Buschkowsky:

„Also auf Deutsch: Die Evangelen und Katholiken halten sich dran, andere wie die Muslime scheren sich eh einen Dreck um die Vorschrift, also kann sie auch gleich weg. Ich finde, grösser kann ein Offenbarungseid nicht ausfallen. Wenn das Beispiel Schule macht, könnten wir so manchem Früchtchen das Leben in Deutschland leichter und bequemer machen: Vorschriften, die ohnehin keiner beachtet, schaffen wir einfach ab. Wie schnell und devot sich unsere Gesellschaft zurückzieht, zeigt auch ein anderes bemerkenswertes Beispiel: In der Jugendarrestanstalt in Berlin erhalten die Insassen grundsätzlich kein Essen mehr, das Schweinefleisch enthält. Die Begründung für den Erlass: 70 % der dortigen Arrestanten haben einen Migrations-Hintergrund. Sie dürfen aus religiösen Gründen kein Schweinefleisch essen. Extrawürste lohnen sich nicht. Alles klar, ist doch logisch. Wer die meisten Straftäter stellt, diktiert auch den Speiseplan."

Besondere Probleme besonders mit muslimischen Flüchtlingen kommen aus Kinderehen, wenn junge Mädchen in den Heimatländern im Alter von 12 Jahren und wenig älter

8. Grenzen für die Integration

verheiratet werden, mit ihren wesentlich älteren Partnern zu uns kommen und als normale Ehepartner zusammenleben wollen. In den Niederlanden hat das zu starken Diskussionen geführt, weil dort – ähnlich wie in Deutschland - strafbefreiende Zustimmung zum Sexualverkehr erst ab 16 Jahren möglich ist.

Bildung als Schlüssel zur Integration

Deutschland ist ein hochentwickeltes Industrieland. Es braucht deswegen qualifizierte Zuwanderer. In den traditionellen Herkunftsregionen der Migration nach Westeuropa wie in Südosteuropa, Nordafrika und im Mittleren Osten sind die Beteiligungsraten der jeweils relevanten Jahrgänge an der tertiären Schul- und Hochschulausbildung sehr viel geringer als in der EU-15[30]. Mit dem Pro-Kopf-Einkommen sinken auch die Investitionen in das Humankapital.

Unter der deutschen Bevölkerung mit Migrationshintergrund haben besonders hohe Anteile mit Abitur und Fachhochschulreife Menschen aus Frankreich, Grossbritannien, Nordamerika und Österreich, wovon sich sehr viele zum Studium in Deutschland aufhalten dürften[31]. Ähnlich sieht es bei Polen, Rumänen und Menschen aus Süd- und Südostasien aus. Auch sind aus den EU-Krisenländern, vor allem aus Italien und Spanien, viele gut Ausgebildete krisenbedingt und wahrscheinlich nur zeitweise zu uns gekommen. Diese hohen Werte verzerren die Gesamtstatistik nach oben und lassen vergessen, dass es bei den Ländern, aus denen jetzt die meisten Flüchtlinge kommen, ganz anders und viel schlechter aussieht: ehemaliges Jugoslawien oder Naher und Mittlerer Osten und Afrika.

Diese Zuwanderer kommen aus sehr wenig oder gar nicht entwickelten Ländern. Bisher gibt es keine verlässliche Statistik zum Bildungshintergrund der derzeitigen Flüchtlingswelle. Alle Angaben beruhen auf nicht überprüften Selbstauskünften.

8. Grenzen für die Integration

Ein grosser Teil der Flüchtlinge hat keine Ausbildungsbelege, und viele Ausbildungssysteme sind schwer mit den deutschen vergleichbar. Sicher ist nur, dass die meisten Flüchtlinge (bis auf die vom Balkan) keinerlei Deutsch sprechen, eine andere Schrift erlernt haben (soweit sie nicht Analphabeten sind) und dass sie ganz überwiegend in den muslimischen Kulturen verwurzelt sind, vergleichbar den schon erwähnten türkischen Immigranten aus Anatolien. Die bisher zu uns kommenden Syrer haben einen relativ höheren Anteil an Menschen aus dem Mittelstand mit entsprechender Bildung, da sehr viele ausreichend vermögen sein mussten, um die lange Reise zu finanzieren. Es werden sich aber zunehmend ärmere und weniger gebildete Familien mit syrischer Herkunft auf die Reise machen. Bei den zugewanderten Afrikanern sind berufsqualifizierende Bildungsabschlüsse ähnlich selten wie bei den Migranten mit türkischem Hintergrund.

Nach ersten Daten sind 70 % der Afghanen und 15 % der Syrer Analphabeten. 22 % der Flüchtlinge sollen keinen Schulabschluss haben. Die Mängel zeigen sich in unserem dualen System: 70 % der Lehrlinge, die aus Syrien, Afghanistan und dem Irak geflohen waren und im September 2013 ihre Lehre begonnen hatten, haben sie inzwischen ohne Abschluss wieder beendet.

Der kulturelle Abstand

Ein weiterer Umstand, der über die Integration entscheidet, ist der kulturelle Abstand zwischen Herkunfts- und Aufnahmeland. Auf die Probleme mit den Islam wurde schon eingegangen. Je grösser dieser Abstand, desto schwieriger und seltener die Integration. Dabei wird in vielen Aufnahmeländern beobachtet, wie die Integrationsbereitschaft in der Generation der Kinder der Einwanderer deutlich sinkt statt -

8. Grenzen für die Integration

wie zu erwarten wäre - zu steigen. Auch ist sie bei Menschen, die als erste Sprache im Kindesalter die ihrer eingewanderten Eltern lernen, deutlich geringer. Migranten integrieren sich oft in den Arbeitsprozess und bleiben dennoch im übrigen Umfeld unter sich. Die Integration erleichternde Durchmischung der Bevölkerung durch binationale Ehen kommt in Deutschland nur sehr langsam voran. Im Jahr 2010 waren nur 7 % aller Ehepaare in Deutschland binational, nur 0,9 % waren deutsch-türkische Ehen. Eine traditionell relativ starke Verwurzelung im Islam dürfte Ehen unterschiedlicher Herkunft eher bremsen als fördern.

West-Europa hat gegenüber den klassischen Einwanderungsländern USA, Kanada oder Australien den Nachteil, dass es in der Regel über keine wirksame Einwanderungspolitik verfügt, mit der auf ein ausreichendes Bildungsniveau der Zuwanderer geachtet wird, und dass es gleichzeitig Ländern benachbart ist, wo sowohl die Entwicklungsunterschiede wie die kulturellen Unterschiede zu West-Europa besonders gross sind.

Der Arbeitsmarkt als besondere Hürde

Ohne einen ausreichend bezahlten und ausreichend sicheren Arbeitsplatz werden die Flüchtlinge und ihre Familien erst recht nicht zu integrieren sein. Mangels beruflicher Qualifikation ist schon bisher ein sehr grosser Teil der Migranten und ihrer Nachkommen zur Arbeitslosigkeit und zu einem Leben auf Hartz-4-Niveau verdammt[32]. Ihr Anteil an Hartz-IV-Empfängern ist doppelt so hoch wie bei der heimischen Bevölkerung; unter allen Hartz-IV-Empfängern selbst liegt ihr Anteil bei 40 %.

Migranten, die in Deutschland arbeitslos sind oder mangels beruflicher Qualifikation nur niedrigst entlohnt und mit öffentlicher Bezuschussung arbeiten können (sogenannte Auf-

8. Grenzen für die Integration

stocker), können uns auch nicht bei der Überwindung der demographischen Probleme helfen und werden selbst zur Last. Schon 436.000 Menschen aus Fluchtländern sind in Deutschland ohne Arbeit auf Hartz IV angewiesen. Die Tendenz ist stark steigend. Die Anteile der Arbeitsuchenden an den Erwerbsfähigensind mit durchschnittlich 74 % sehr hoch; die Arbeitslosigkeit hat stark zugenommen[33,34]. Bundesarbeitsministerin Andrea Nahles warnt bereits:

„Den vielen jungen Menschen einen Job zu verschaffen wird mehrere Jahre dauern. Die Zahl der Hartz-IV-Empfänger kann sich deshalb bis 2019 um eine Million auf mehr als sieben Millionen erhöhen, weil viele der Flüchtlinge nicht sofort Arbeit finden werden und Anspruch auf die Grundsicherung haben, wenn ihr Asylantrag anerkannt ist."

So hat sich die Zahl der arbeitslosen Hartz-IV-Empfänger innerhalb eines Jahres um 20 % auf gut 160.000 bis September 2015 erhöht. Noch stärker zugelegt hat die Zahl aller Hartz-IV-Empfänger aus den Asylzugangsstaaten, einschliesslich von Familienangehörigen. Sie wuchs von Juni 2014 bis Juni 2015 um 23,4 %. Dabei ist die Zahl der Arbeitslosen aus den nicht-europäischen Asylzugangsstaaten viel stärker gewachsen als die der Jobsuchenden vom Balkan.

Nach Karl Brenke, Arbeitsmarktexperte des Deutschen Instituts für Wirtschaftsforschung (DIW), ist von allen in Deutschland lebenden Syrern mehr als die Hälfte auf Sozialleistungen angewiesen. Bei Afghanen oder etwa Irakern sei dies kaum besser. Auch die lateinische Schrift kenne ein Teil dieser Flüchtlinge nicht. Manche seien auch gesundheitlich eingeschränkt und wegen der Kriegserfahrungen seelisch belastet. All dies erschwere den Sprung auf den Arbeitsmarkt, selbst bei niedrig bezahlten Jobs wie in der Pflege oder Reinigungsbranche.

8. Grenzen für die Integration

Laut erster Daten der Bundesagentur für Arbeit dürfte mehr als die Hälfte der Neuankömmlinge keine abgeschlossene Berufsausbildung haben. Nach Bundesarbeitsministerin Andrea Nahles bringt nicht einmal jeder Zehnte die nötigen Voraussetzungen mit, um direkt einen Arbeitsplatz zu finden. Dazu der Chef der Bundesagentur Weise:
„Die Grössenordnungen, die (schon) da sind, schaffen wir. Die grosse Herausforderung werden die Menschen sein, die noch kommen werden. Die Ankunft von Hunderttausenden ist zunächst einmal eine Belastung für den Arbeitsmarkt. Viele verfügen nicht über die notwendigen Sprachkenntnisse, anderen mangele es an der nötigen Qualifikation. Selbst bei vorhandener Qualifikation stehen einer erfolgreichen Vermittlung an Arbeitgeber häufig noch mangelnde Deutschkenntnisse im Weg. Viele Flüchtlinge sprechen höchstens rudimentär Englisch oder Französisch. Die vielen Geringqualifizierten bringen mehr Druck in die Arbeitswelt."
Langfristig fanden nach bisherigen Erfahrungen nur rund 55 % der Flüchtlinge eine Arbeit, wie das IAB aus Daten von Ausländern, die zwischen 1985 und 2005 als Flüchtlinge in die Bundesrepublik eingereist sind, ermittelt hat. Migranten, die über normale Einreiseprozeduren ins Land kommen, fanden dagegen nach ein paar Jahren sogar zu 75 % eine Arbeitsstelle. Auch das arbeitgebernahe Institut für deutsche Wirtschaft meint deshalb, dass Flüchtlinge zwar einen Beitrag zur Fachkräftesicherung in Deutschland leisten könnten, jedoch nicht im gleichen Masse wie Zuwanderer, die in anderen Kontexten ins Land gekommen seien. An einem gezielten Anwerben von Fachkräften käme Deutschland daher nicht vorbei. Vor allem unter den Bürgerkriegsflüchtlingen sind die Erwerbstätigenzahlen gering. Nur jeder dritte arbeitet bereits nach kurzer Zeit, bei den Syrern nur jeder Sechste, wobei allerdings die Statistik durch das lange Asylverfahren beeinflusst

wird. Nach der amtlichen Statistik des Bamf liegt dagegen die Arbeitsquote bei sogenannte Wirtschaftsflüchtlingen vom Westbalkan viel höher, nämlich schnell bei 40 bis 50 %. Das liegt auch daran, dass Flüchtlinge vom Balkan oft gute Deutschkenntnisse mitbringen, weil ihre Länder traditionell eine Verbindung zu Deutschland haben.

Ohne Arbeit kommt Armut

Ohne Arbeit droht Armut im reichen Land Deutschland. Die Armutsquote unter Menschen mit Migrationshintergrund ist schon jetzt sehr hoch und mehr als das Doppelte der heimischen Bevölkerung[35].

Der Anteil der Menschen mit Migrationshintergrund, die von öffentlicher Unterstützung leben, ist mehr als doppelt so hoch; von eigener Arbeit leben nur 39 %, mit türkischem Hintergrund sogar nur 33 %, mit afrikanischem 32 %[36]. Ohne eigene Arbeit lassen sich die Immigranten aber kaum integrieren. Vor allem Frauen mit muslimischem Hintergrund sind oft sehr schlecht ausgebildet und dementsprechend arbeitslos.

9. Der neoliberale Traum von einer globalen Kultur

Von Merkels "Der Ansatz für Multikulti ist gescheitert, absolut gescheitert!" beim Deutschlandtag der Jungen Union von 2010 bis zum heutigen "Wir schaffen das" ist ein weiter Weg. Seitdem hat sich das neoliberale Karussell weiter gedreht. Die neoliberal herbeigeführte Eurokrise wurde ungelöst durch Überbrückungsaktionen zur Seite geschoben. Mit dem TTIP wurde ein neues globales und neoliberales Kunstwerk auf die Bühne geschoben. Auch "Multikulti" scheint wieder hoffähig zu werden. Im bürgerlichen Lager bei denen, die nicht unmittelbar von der Flüchtlingswanderung betroffen sind, feiert im

9. Der neoliberale Traum von einer globalen Kultur

Schatten der Willkommenskultur das "Multikulti" sehr praktische Urstände. Die Medien begeistern sich wieder für das Zusammenkommen so vieler Kulturen.

Der Chefökonom der deutschen Bank David Folkerts-Landau schrieb allen Ernstes in der ZEIT:

„Kulturell diversifizierte Gesellschaften sind lebendiger, sozial flexibler, innovativer, anpassungsfähiger und wandlungsbereiter. Solche Volkswirtschaften weisen dadurch eine grössere soziale und wirtschaftliche Mobilität auf, was Produktivität und Produktionswachstum fördert. Immigranten stellen eine Bereicherung dar: Sie suchen etwas Besseres, sehnen sich nach Freiheit und wissen, dass sie sich all das erst erarbeiten müssen."

Viel zu einfach macht es sich beispielsweise wieder die ZEIT, das neue Zentralorgan der Unbesorgten (vereint mit BILD), im unglaublich naiven und dümmlichen Kommentar ihres früheren Herausgebers Joffe:

„Jahrhundertelang war Deutschsein an Herkunft gekettet: Abstammung, Glauben, Sprache. Dieses Land entwickelt gerade ein modernes Verständnis von Nationalität: Deutsch ist nicht "sein", sondern "werden", nicht „bio", sondern Willensakt - so wie Abermillionen Amerikaner, Australier, Kanadier geworden sind. Herkunft verblasst zugunsten von Zukunft."

Mit ein bisschen Bildung sollte Joffe wissen, dass die von ihm genannten Länder schon immer Einwanderungsländer waren und nie eine einheitliche Kultur hatten. Die nach USA auch heute noch einwandern, wollen – anders als bei der Einwanderung nach Deutschland - einfach Amerikaner sein, ohne damit besondere kulturelle Vorstellungen zu verknüpfen.

Immer noch glauben nach letzten Meinungsumfragen Mehrheiten, die Flüchtlinge seien eine Bereicherung für das Leben in Deutschland[37]. Natürlich ist auch der Bundespräsi-

9. Der neoliberale Traum von einer globalen Kultur

dent ein Leuchtturm dieses Traumes geworden. Jetzt sagte er in seiner Rede zum Tag der Einheit 2015 in Anlehnung an den berühmten Satz von Willy Brandt und in dessen wegen der Gleichstellung mit der Wiedervereinigung wenig überzeugender Abwandlung:

„Wie 1990 erwartet uns eine Herausforderung, die Generationen beschäftigen wird. Doch anders als damals soll nun zusammenwachsen, was bisher nicht zusammen gehörte. Zu diesem Land gehören heute Menschen verschiedener Herkunftsländer, Religionen, Hautfarben, Kulturen - Menschen, die vor Jahrzehnten eingewandert sind, und zunehmend auch jene, die augenblicklich und in Zukunft kommen, hier leben wollen und auch eine Bleibeperspektive haben."

Doch das ist nur ein neuer neoliberaler Traum, der den Realitäten nicht standhalten und für uns wie andere vor ihm zum Albtraum werden wird. Der schon erwähnte Migrationsforscher Paul Collier aus Oxford kommt zu dem Ergebnis, dass für die Aufnahmeländer nicht die ökonomischen Probleme die Hauptgefahr einer immer mehr anwachsenden Migration sein werden, sondern die gesellschaftspolitischen. Im Interview mit ZEIT-Online vom erklärte er:

„Die ökonomischen Folgen von Einwanderung sind zu vernachlässigen. Entscheidender sind die sozialen Folgen. Wir wissen, dass ein gewisses Mass an kultureller Verschiedenheit einer Gesellschaft nutzt, denn die neuen Migranten bringen Innovation und Abwechslung. Aber das gilt nur bis zu einem gewissen Mass, denn zu ungleiche Gesellschaften können negative Folgen haben. Wir wissen etwa durch Robert Putnam, dass das gegenseitige Vertrauen innerhalb einer Gesellschaft tendenziell sinkt, wenn die Verschiedenheit durch Einwanderung zunimmt. Für die modernen und reichen Gesellschaften ist das deshalb von Bedeutung, weil wir unzähli-

10. Lügen zum Arbeitsmarkt und zur Demographie

ge, sehr komplexe Institutionen haben, die auf gegenseitigem Vertrauen und Kooperation aufbauen, etwa in unseren Sozialsystemen. Wenn eine Gesellschaft zu verschieden zusammengesetzt ist, wird es schwieriger, die Kooperation in solchen Systemen zu organisieren. Das ist in der Forschung nicht kontrovers, sondern Standard.
Ein zweites Merkmal der europäischen Gesellschaften ist ihre Grosszügigkeit gegenüber den Bedürftigen. Zahlreiche Studien belegen, dass ein zu hohes Mass an Migration die Bereitschaft von Gesellschaften senkt, grosszügig Sozialleistungen zu gewähren. Man sieht das zum Beispiel in den USA: Die Gesellschaft ist weniger homogen zusammengesetzt als jene in Europa. Dementsprechend ist der Staat weniger grosszügig zu den Armen im Land."
Mit einer stark gewachsenen Immigration bei wegen der kulturellen Unterschiede gebremster Integration wird gerade die deutsche Gesellschaft, die bisher noch ein im internationalen Vergleich relativ ausgeprägtes System an Sozialleistungen und intakter Gesellschaftsstrukturen aufweist, starke negative Veränderungen durchmachen müssen.

10. Lügen zum Arbeitsmarkt und zur Demographie

Zum Arbeitsmarkt

Am Zustrom von Flüchtlingen sind vor allem die Unternehmer interessiert. Sie erwarten hier, wie weiland bei den Gastarbeitern, billige Arbeitskräfte, die sie im internationalen Wettbewerb einsetzen können, und eine Unterwanderung des ihnen verhassten Mindestlohns.
So erklärte Daimler-Chef Zetsche, er sei überzeugt, dass die Flüchtlinge hoch motiviert sind und in Deutschland etwas erreichen wollen. Da diese Menschen ihr komplettes Leben zurücklassen, seien sie besonders motiviert. Die meisten

10. Lügen zum Arbeitsmarkt und zur Demographie

Flüchtlinge seien gut ausgebildet Es könnte dadurch sogar ein neues Wirtschaftswunder geben. Es sei eine Herkulesaufgabe, mehr als 800.000 Menschen in Deutschland aufzunehmen. Aber im besten Fall könne es auch eine Grundlage für das nächste deutsche Wirtschaftswunder werden – so wie die Millionen von Gastarbeitern in den 50er und 60er Jahren ganz wesentlich zum Aufschwung der Bundesrepublik beigetragen haben. Wer an die Zukunft denke, werde sie nicht abweisen. Genau solche Menschen suchten sie bei Mercedes und überall in unserem Land.

Auch andere Industriebosse hatten sich zuletzt für mehr Hilfe für Flüchtlinge ausgesprochen. Darunter Porsche-Chef Matthias Müller, der Chef des Essener Chemiekonzerns Evonik, Klaus Engel und der Post-Vorstandsvorsitze Frank Appel. Ähnlich äusserte sich der schon zitierte Chefvolkswirt der Deutschen Bank David Folkerts-Landau in seinem ZEIT-Artikel:

„Weit stärker ins Gewicht fallen allerdings die enormen politischen und ökonomischen Vorteile der Zuwanderung. Diese hat das Potenzial, unsere Wirtschaft nicht nur zu erneuern, sondern über Generationen hinweg Wohlstand zu sichern. Nur durch massive Zuwanderung wird es Deutschland gelingen, langfristig seinen Lebensstandard und einen Platz unter den drei bis vier wichtigsten Ländern in der Welt zu sichern. Die Kosten der Integration sind also eine kluge Investition in die Zukunft. Gerade Deutschland braucht Zuwanderer. Wir stehen vor einem ernsthaften Problem der Überalterung. Wenn sich nichts ändert, erwartet uns eine Zukunft mit weniger Arbeitskräften und mickrigen Wachstumsraten. Die Älteren werden an politischer Macht und Einfluss gewinnen. Deutschland wird zu einem statischen, risikoscheuen und in sich gekehrten Land. Besitzstände zu wahren wird wichtiger sein als Neues zu schaffen."

10. Lügen zum Arbeitsmarkt und zur Demographie

Das sind schöne Sprüche, die so gar nicht zu den bisherigen Erfahrungen beispielsweise mit der massiven Zuwanderung aus Anatolien passen und auch nicht zu den schon in Kapitel 8 dargestellten Erkenntnissen vom Bildungsniveau der derzeitigen Immigranten, die nur zu einem kleineren Teil aus der besser gebildeten syrischen Mittelklasse stammen. Es sind die gleichen ökonomistischen Sirenenklänge aus dem gleichen politischen Lager, mit denen uns einst der Euro schmackhaft gemacht wurde und nun das transatlantische Handelsabkommen verkauft wird.

Zur demographischen Entwicklung

Immer wieder wird in den Medien zur Begründung der Notwendigkeit von Massenimigration auf die demografische Entwicklung Deutschlands hingewiesen und behauptet, die derzeitige Immigration passe da genau hinein, um die Probleme zu lösen. Tatsächlich geht die deutsche Bevölkerung in den nächsten 35 Jahren nach der amtlichen Vorausberechnung jährlich um etwa 900.000 Menschen zurück[38]. Wollte man diesen Rückgang mit Migration ausgleichen, so müssten weitere 15 Mio Menschen einwandern. Angesichts des internationalen Wettbewerbs um qualifizierte Arbeitskräfte und der gegenüber dem Englischen in Deutschland viel höheren Sprachbarriere müssten sehr viele diese Einwanderer auf einem total anderen kulturellen Niveau und ohne ausreichend Berufsqualifikationen akzeptiert werden. Sehr viele davon werden am Ende dem deutschen Sozialsystem zur Last fallen, weil sie in der hochentwickelten deutschen Wirtschaft keine ausreichend entlohnte und auch eine Altersvorsorge ermöglichende Beschäftigung fänden.

Die deutsche Gesellschaft hätte sich am Ende total verändert und ihre noch vorhandenen traditionell positiven Qualitäten teilweise verloren. Innerhalb der einheimischen Bevölkerung käme es wahrscheinlich zu ausgeprägtem Fremdenhass und Aufständen. Deutschland muss also andere Wege finden, seinen Bevölkerungsabsturz wenigstens zu begrenzen. Es muss vor allem den einheimischen Nachwuchs besser ausbilden und noch weit mehr Automaten zur Produktion einsetzen.

11. Die Rolle der Medien

Die deutschen Medien spielen in der Willkommenskultur eine besondere und ziemlich auffällige Rolle. Dabei springt ins Auge, dass von BILD, Spiegel, ZEIT bis zur Süddeutschen und vielen anderen Presseerzeugnissen ganz ähnlich, um nicht zu sagen gleichgeschaltet, für die grenzenlose Aufnahme von Flüchtlingen plädiert wird. ARD und ZDF sind natürlich auch in diesem Boot. Nur die FAZ kommt gelegentlich mit etwas besorgteren Tönen. Und die ZEIT druckt folgende Polemik an die Adresse der besorgten Mitbürger, die immerhin nach allen Umfragen längst keine kleine Minderheit mehr sind:

„Ihr heimatliebenden Zustandsbewahrer, emphatielosen Wüteriche, wunderlichen Nicht-Neger, aufrechten Stehpinkler, verkrampften Gutmenschen-Schlechtfinder. Ihr deutschen Kosten-Nutzen-Denker. Ihr besorgten Patrioten. Ihr IchbinkeinNaziaber-Sager, Ihr IchkenneauchnetteTürken-Kartoffeln, ihr unkorrekten Pegidisten, ihr nationalen Oberlehrer. Es ist 2015. Und ihr kommt aus euren Löchern ans Licht gekrochen."

Die Medien wollen uns mit immer den gleichen Argumenten überzeugen, dass Flüchtlinge gut für Deutschland sind, egal wie viele kommen. Da tauchen viele unbelegte Meldun-

11. Die Rolle der Medien

gen auf, wie dass Syrer bessere Bildungsabschlüsse hätten als durchschnittliche Deutsche. Die Flüchtlinge würden am Ende und einmal voll in den Arbeitsmarkt integriert weit mehr Steuern zahlen als Leistungen in Anspruch zu nehmen, wären also ein Nettogewinn für die Sozialkassen. Dabei spricht schon der relative hohe Anteil an Arbeitslosen und Hartz-4-Empfängern unter den Menschen mit Migrationshintergrund gegen diese These. Der SPIEGEL macht sogar mit der Überschrift "Flüchtlinge an Universitäten: Ein Schatz, den wir da haben" auf und behauptet unquantifiziert und generell, viele Flüchtlinge hätten ein Gymnasium besucht oder studiert.

An den Meldungen fällt noch mehr auf. So werden die Syrer seit Beginn der Zuwanderungswelle einseitig in den Vordergrund gespielt, obwohl doppelt so viele Immigranten vom Balkan kamen und auch nach den letzten Daten der Balkan noch vorne liegt. Natürlich lassen sich in Deutschland Albaner und Kosovaren weniger gut verkaufen. Also hat man sie im Hintergrund gelassen und die kriegsbelasteten Syrer nach vorne geschoben. Andererseits entstand der Eindruck, dass fast alle Flüchtlinge mit kleinen Kindern kommen. Es sind die hilfesuchenden Kinderaugen, die uns entgegenblicken, wenn über Flüchtlinge berichtet wird. Dabei ist der Anteil an Kindern tatsächlich vergleichsweise gering. Ausserdem wurden sehr viele Bilder gezeigt, in denen die Flüchtlinge ihre Dankbarkeit zu Deutschland und ganz persönlich der Bundeskanzlerin demonstrierten. Auch das erweckte den Eindruck und sollte ihn wohl erwecken, besonders gut auf Deutschland und die Integration vorbereitete Flüchtlinge, deren Dankbarkeit andauern würde, ins Land zu lassen. Nirgendwo wurde daran erinnert, wie schwer sich Deutschland bisher immer noch mit einer ausreichenden Integration der muslimischen Türken tut.

Lange auch wurde das Zahlenpotenzial an Flüchtlingen unter der Decke gehalten. Bis heute gibt es kaum Meldungen, dass allein innerhalb Syriens etwa sieben Millionen Menschen auf der Flucht sind. Kaum irgendwo gibt es Hinweise auf die enorme Sogwirkung von Diasporen, wenn sie erst einmal entstanden sind. Kaum ein deutsches Medium sorgt sich um die Wirkung des Verlustes gut ausgebildeter Flüchtlinge auf die Situation des Herkunftslandes, als könnte uns die gleichgültig sein, wenn wir nur den angeblichen Vorteil der Flüchtlinge vereinnahmen können. Afrika wird als Flüchtlingspotenzial total ausgeblendet, obwohl das die derzeitige Zuwanderung weit übertreffen wird. Niemand soll in Deutschland beunruhigt werden. Und wer dennoch Unruhe zeigt, kommt sehr schnell unter den Verdacht der Fremdenfeindlichkeit.

Selten berichten die deutschen Medien über den Eindruck, den die deutsche Willkommenskultur auf das westeuropäische Ausland macht. Dass das deutsche Verhalten bereits als emotional übertrieben eingestuft und teilweise als tiefenpsychologisches Produkt früheren deutschen Unrechts gesehen wird, bleibt ausgeblendet. Die Osteuropäer, die sich dem deutschen Diktat der Umverteilung von Flüchtlingen widersetzten, wurden sofort als unsolidarisch bis inhuman verteufelt gebrandmarkt. Sie wurden in den deutschen Medien daran erinnert, dass ihnen die EU einst finanziell geholfen hat, wobei vergessen wurde, dass für die deutsche Industrie diese Länder nicht nur zu wichtigen Absatzmärkten geworden sind, sondern auch noch zu einem sehr kostengünstigen Hinterhof für die Verlagerung von Produktion, die dann aus Deutschland oder mit „Made in Germany" erfolgreich exportiert wird, nicht zuletzt im Kfz-Bereich.

12. Noch ein Keil zur sozialen Spaltung

Wir kommen hier zu einer Facette, die in der öffentlichen Diskussion um Flüchtlinge weitgehend in den Hintergrund ge-

12. Noch ein Keil zur sozialen Spaltung

drängt wird. Wer sind eigentlich die Verlierer aus der Massenimmigration? Für sehr viele Deutsche wird Merkels Land schon deshalb nicht mehr ihr Land sein können, weil die Flüchtlingspolitik zu Lasten ihrer elementaren Interessen an einem Arbeitsplatz, einem Mindestlohn, an kostengünstigem Wohnraum, geeigneten Schulen für ihre Kinder und ausreichenden Sozialleistungen gehen wird. Jedenfalls denkt die Bundesregierung erklärterweise nicht daran, durch Steuererhöhungen die enormen Lasten aus der Flüchtlingskrise dort anzulasten, wo sie bequem getragen werden könnten. Dagegen stehen die Interessen der Vermögenden und der Unternehmen.

Einen meiner Rundbriefe habe ich überschrieben: "Die Flüchtlingskrise in der Konkurrenz zur hausgemachten sozialen Krise - eine zu viel". Wenn zwei (oder mehr) schwere Krisen gleichzeitig stattfinden, verliert immer eine an öffentlichem Interesse. Die Aufmerksamkeitsspanne normaler Menschen ist für mehr als eine schwere Krise nicht gross genug. In den Schatten gerät in Deutschland derzeit die soziale Krise mit immer mehr Armut, einer immer ungleicheren Einkommens- und Vermögensverteilung und immer weniger Zufriedenheit mit den Lebensverhältnissen in einem nicht unbedeutenden Teil der deutschen Bevölkerung. Die deutschen Medien zeigen jetzt Mitleid heischend immer wieder auf den Titelseiten die Gesichter der Flüchtlingskinder, wie sie in Deutschland ankommen. Wer denkt da noch an die Gesichter armer Kinder in Deutschland? Mit wachsender innerer sozialer Spaltung und eigener Armut ist Deutschland kein guter Ort für die langfristige Aufnahme von Massen armer Flüchtlinge geworden. Dabei würde die Minderung der sozialen Krise längerfristig darüber mitentscheiden, ob Deutschland die Flüchtlingskrise wenigsten einigermassen meistern kann.

12. Noch ein Keil zur sozialen Spaltung

Die bittere Konkurrenz

Beide Krisen vertragen sich schlecht. Denn die Flüchtlingskrise mit über die Jahre Millionen an Neuankömmlingen, die zu jeder Arbeit und zu fast jedem Lohn bereit sein werden, wird die soziale Krise in der einheimischen Bevölkerung noch erheblich verschärfen. Die starken Belastungen der Sozialhaushalte von Bund und Ländern durch die Flüchtlinge (allein für 2015 wird mit 10 Mrd. Euro oder 2/3 des Soli-Ertrags gerechnet) werden sich an anderen Ecken bei den auf solche Leistungen Angewiesenen bemerkbar machen. Flüchtlinge werden vor allem dort konzentriert untergebracht, wo auch die deutschen Unterschichten zu Hause sind.

Auf dem Arbeitsmarkt wird der Dumpingwettbewerb angeheizt, sehr zur Freude der Arbeitgeber. Als erstes beschloss die Bundesregierung, das Leiharbeitsverbot für Asylbewerber und Geduldete schon nach drei Monaten aufzuheben. Bisher durften Asylbewerber und Geduldete sich vier Jahre lang nicht bei einer Leiharbeitsfirma anstellen lassen. Auch die sogenannte "Vorrangprüfung" für den Zugang zum Arbeitsmarkt, bei der kontrolliert wird, ob es nicht auch einen gleichqualifizierten deutschen Bewerber für die Stelle gibt, wurde ab dem 15. Monat des Aufenthaltes in Deutschland ausgesetzt. Zudem gibt es bereits Pläne, die Ausbildungszeiten für Flüchtlinge abzusenken. Um die Asylbewerber schnell an den Arbeitsmarkt zu bringen und so die Belastung der Sozialetats zu senken, werden sicher noch weitere Erleichterungen ins Spiel kommen, wie die vom Gemeindeverband bereits vorgeschlagene Aufhebung des Mindestlohns.

Man muss leider befürchten, dass ein wildes Lohndumping weitere Teile der schon stark beschädigten Sozialen Marktwirtschaft schleifen wird. Besonders bitter wird der Wettbewerb um niedrigqualifizierte Arbeitsplätze zwischen einer-

12. Noch ein Keil zur sozialen Spaltung

seits Deutschstämmigen sowie schon vor einiger Zeit angekommenen Menschen mit Migrationshintergrund und andererseits den neu Zugewanderten. Schon jetzt stellen im Altbundesgebiet die Niedrigqualifizierten bei den Deutschen 41 % und bei den Nicht-Deutschen 63 % aller Arbeitslosen[39].

Der deutsche Arbeitsmarkt wird diese Konkurrenz umso weniger aushalten, als derzeit die Konjunktur in den Schwellenländern, auf die besonders der deutsche Export angewiesen ist, stark einbricht. Rezessionsphasen hat es in der deutschen Nachkriegsgeschichte immer wieder gegeben und sie werden uns für die Zukunft nicht erspart bleiben. Bei hohen Flüchtlingszahlen werden sie umso belastender für die meisten Menschen in Deutschland werden.

Auch an den Tafeln für die Ärmsten (siehe unten) zeigt sich immer mehr die Konkurrenz der Flüchtlinge. Nach Brühl, Vorsitzender des Tafelverbands, sind viele Tafeln an ihrer Belastungsgrenze. Sie unterstützen 150.000 Flüchtlinge täglich mit Lebensmitteln zusätzlich zu den etwa eine Million Nutzern. Bei einzelnen Tafeln im Süden und in Nordrhein-Westfalen sei die Situation dramatisch. Dazu Brühl: „Staatliche Stellen schicken die Menschen zum Teil ganz bewusst zu unseren Ausgabestellen. Eine unlautere Praxis. Schliesslich bekommen die Tafeln von staatlicher Seite kaum Unterstützung. Bei uns werden die Menschen regelrecht abgeladen."

Spätestens nach 6 Monaten müssen Flüchtlinge in Wohnungen untergebracht werden. Damit endet die Vollverpflegung und der Hartz-IV-Satz reicht oft nicht aus. Aber auch die "Vollverpflegung" in den Aufnahmelagern ist nach Classen, Mitarbeiter des Berliner Flüchtlingsrats, in vielen Aufnahmestellen "unterirdisch". Statt einer ordentlichen Mahlzeit gebe es vielerorts ein paar Scheiben Brot und ein paar Teebeutel, manchmal auch eine undefinierbare Masse. In jedem Fall sind es zu wenige Kalorien und zu wenige Vitamine. Daher gingen viele Flüchtlinge zusätzlich zu den Tafeln.

12. Noch ein Keil zur sozialen Spaltung

Im Schulbereich wird durch den Zustrom von Flüchtlingskindern der Unterrichtsbetrieb leiden. Darunter werden vor allem Kinder aus sozialschwachen Familien leiden, die nicht auf Privatschulen ausweichen können, zumal wenn sich das Lehrpersonal gleichzeitig mit besonderem Einsatz der nicht einmal der deutschen Sprache fähigen Flüchtlingskinder annehmen muss. Laut Einschätzung des Philologenverbands fehlen schon jetzt in Deutschland bis zu 30.000 Lehrer. Der Mangel verschärfe sich derzeit vor allem in Ostdeutschland, wo eine grosse Pensionierungswelle rolle. Zu allem Überfluss kehrten wegen der schlechten Einstellungssituation immer mehr Nachwuchslehrer dem Gymnasium den Rücken. Ebenso wird sich die neue Konkurrenz der Flüchtlingsmillionen im Gesundheitswesen bei den deutschen Kassenpatienten mit noch längeren Wartezeiten bemerkbar machen

Unter solchen Umständen einer bitteren Konkurrenz sollte nicht überraschen, dass in der Flüchtlingsfrage die Einkommensschwachen viel mehr besorgt sind als die Einkommensstarken[40].

Wachsende Armut und Not in Deutschland

Zur Erinnerung für die, die vorhandene Armut und Not in der Bevölkerung gern vergessen wollen: Die Armutsquote ist in Deutschland seit den 70er Jahren bereits von 6,5 % auf 16,1 % gestiegen[41]. In einigen Bevölkerungsgruppen, wie Alleinerzieher oder (nicht doppelt verdienende) Alleinlebende, liegt sie bei um ein Drittel und erreicht bei Arbeitslosen die Marke von mehr als zwei Dritteln[42]. Gut ein Drittel der 12 Mio. Armen in Deutschland waren 2013 Menschen mit Migrationshintergrund in der ersten oder zweiten Generation.

Die Zahl der Tafeln für die Speisung der Ärmsten hat sich von 330 im Jahr 2003 auf 906 in 2013 fast verdreifacht[43]. Dazu

12. Noch ein Keil zur sozialen Spaltung

gehören mehr als 3.000 Tafel-Läden und Ausgabestellen bundesweit mit ca. 50.000 ehrenamtlichen Helferinnen und Helfern. Die deutschen Tafeln unterstützen regelmässig ca. 1,5 Millionen bedürftige Personen, davon 30 % Kinder und Jugendliche, 53 % Erwachsene im erwerbsfähigen Alter (vor allem ALG-II- bzw. Sozialgeld-Empfänger, Spätaussiedler und Migranten) und 17 % Rentner.

In der deutschen Unterschicht, die nach einer neuen Untersuchung der Universität Duisburg Essen immerhin rund 35 % der deutschen Haushalte ausmacht, ist der Anteil derer im Niedriglohnsektor zwischen 1995 und 2012 von 44 % auf 68 % hochgeschossen[44]. Nach Ermittlungen des Statistischen Bundesamts auf der Basis des Mikrozensus waren im Jahr 2014 30,8 % der gering qualifizierten Personen ab 25 Jahren armutsgefährdet. Damit war die Armutsgefährdungsquote dieser Personen erheblich höher als noch im Jahr 2005 mit 23,1 %. Beides sind sehr gefährliche Entwicklungen, die auch jetzt nicht in Vergessenheit geraten dürfen.

Der soziale Graben wird immer tiefer

Dabei ist in keinem Land Europas der Reichtum so ungleich verteilt wie in Deutschland. Nach Ermittlungen des DIW Berlin besitzt allein das reichste Prozent ein Drittel des gesamten Privatvermögens; die obersten 7,5 % besitzen fast 60 % (!)[45]. In Spanien oder Frankreich und selbst in Griechenland ist der Wohlstand gleichmässiger verteilt. Noch ungleicher wird es an der Spitze des obersten Promilles von ungefähr 40.000 Haushalte: Sie halten in Deutschland mehr als 17 % des Reichtums. Dagegen besitzt die ärmere Hälfte der Deutschen gerade einmal 2,5 % der Vermögen (!)[46]. Nicht weniger als drei Millionen Rentner müssen in Minijobs ihre unzureichenden Renten aufstocken, auch die demnächst in

13. Der Pakt mit Erdogan

einer Verdrängungskonkurrenz durch immer mehr Flüchtlinge..

Auch bei der Kinderarmut schneidet Deutschland im internationalen Vergleich, vor allem mit Skandinavien, schlecht ab. Dort sind Kinder sehr viel seltener von Armut bedroht als im Rest der Welt und haben bessere Aufstiegschancen. In Deutschland hat sich die Lage in dieser Hinsicht seit den 70er Jahren mit einem Anstieg der Quote auf das Zweieinhalbfache erheblich verschlechtert[47].

Der Gefühlslage der Benachteiligten

Die immer ungleichere Verteilung der Vermögen in Deutschland, ist nicht nur eine statistische Erfahrung. Sie hat direkte Auswirkungen auf die Gefühlslage der Bevölkerung. Nach einer neuen Untersuchung des Statistischen Amtes Grossbritanniens ist die Zufriedenheit mit dem eigenen Leben im Sinne von Selbstwert- und Glücksgefühl sowie weniger Ängsten stark mit dem Haushaltsvermögen korreliert. Je grösser das finanzielle Netto-Vermögen, umso höher der Zufriedenheitskoeffizient, den die Statistiker aus vielen Umfragen errechnet haben.

Wenn Millionen Menschen unzufrieden werden, weil sie sich selbst mit harter Arbeit nicht mehr „nach oben arbeiten" können und die Zahl der Armen und Unterschichtler ständig wächst, geht ein Riss durch die Gesellschaft. Wenn sie sich dabei mit ihren Sorgen alleingelassen fühlen, weil sich die Aufmerksamkeit und Anteilnahme in den kommenden Jahren den Flüchtlingen zuwendet, wird das Mass an Verbitterung und Frustration noch zunehmen. Sollten sich gleichzeitig die Wirtschaftslage und der Arbeitsmarkt wieder verschlechtern, was durchaus wahrscheinlich ist, so werden diese Menschen ihren Groll nicht nur in friedlichen Demonstrationen zeigen.

13. Der Pakt mit Erdogan

13. Der Pakt mit Erdogan: Aus dem syrischen Regen in die türkische Traufe

Die EU - und vor allem Deutschland - ist mit dem Zustrom an Flüchtlingen total überfordert, spätestens seit Deutschland mit Merkel und der neudeutschen Willkommenskultur die deutschen Grenzen weggeräumt und die Dublin-Vereinbarung über die Erstregistrierung von Flüchtlingen gebrochen hat. Da man sich auch über die Verteilung der Flüchtlinge nicht einigen kann, konzentriert sich die EU auf die Wacht an den Aussengrenzen. Doch Griechenland, wohin ein grosser Teil der Flüchtlinge von der Türkei aus strömt, kann oder will seine Grenze nicht schützen. Damit bleibt nur der Kniefall vor dem Despoten und derzeitigen Kriegsherrn Erdogan, der gerade noch von der EU ins politische Abseits gestellt worden war. Denn der könnte - so hofft die Bundesregierung ohne jede Sicherheit - den Daumen auf einen grossen Teil der etwa 4 Mio. Syrer halten, die in Syrien benachbarten Ländern lebe[9].

Die deutsche Bundeskanzlerin muss Erdogan ausgerechnet in der Schlussphase des türkischen Wahlkampfes aufsuchen, um seine Hilfe zu erbitten. Doch Erdogan kennt seinen Wert und schraubt den Preis für die Hilfe hoch. In dem mit der EU-Kommission bereits ausgehandelten Vertragsentwurf fordert er 3 Mrd. Euro (bisher angeboten waren 750 Mio. Euro), einen Fortschritt in weiteren fünf Kapiteln des noch verhandelten Beitrittsabkommens zur EU und eine Erklärung, dass die EU der Türkei beim Beitrittsprozess helfen würde (soll wohl finanzielle Hilfen bedeuten). Als Vorableistung fordert Erdogan den visafreien Zugang seiner 75 Mio. Türken zur EU bereits ab kommenden Jahr. Weiter verlangt er Zusagen für die legale Einreise von Flüchtlingen aus der Türkei in die EU.

13. Der Pakt mit Erdogan

Die Türkei hat ein grosses Problem mit ihrer stark wachsenden muslimischen Bevölkerung, vor allem im asiatischen Anatolien. Nach Vorausberechnung des UN Bevölkerungsprogramms wird sie allein in den kommenden 15 Jahren um mehr als 9 Mio. zunehmen und bis 2050 auf fast 96 Mio. ansteigen und damit die Zahl der deutschen Bevölkerung weit hinter sich lassen[48]. Als Teil der EU würde die Türkei nicht nur mit zusätzlicher Industrieverlagerung zu ihren Gunsten rechnen können sondern auch mit der Arbeitnehmerfreizügigkeit, so dass sie die zunehmende Arbeitslosigkeit in die EU abschieben könnte.

Der EU-Rat hat beim Flüchtlingsgipfel mit starker Unterstützung durch die deutsche Kanzlerin den Vertragsentwurf mit der Türkei begrüsst. Laut Ratsdokument würde eine erfolgreiche Umsetzung des Vertrags die Aufhebung des Visumzwangs beschleunigen. Der Beitrittsprozess müsse wieder verstärkt werden mit dem Ziel, Fortschritte in den Verhandlungen zu erreichen. Frau Merkel erklärte am Rande des Gipfels:

"In Zukunft müssen wir uns mehr an der Lastenteilung beteiligen, wenn wir daran denken, dass die Türkei praktisch in der Vergangenheit allein gelassen wurde. Wenn wir sagen, dass die Türkei tatsächlich 7 Mrd. Euro über die letzten Jahre ausgegeben hat, dann würde das bedeuten, dass die EU eine vergleichbare Summe schultert."

Vielleicht werden es nach einer solchen Vereinbarung weniger zusätzliche syrische Flüchtlinge in der EU. Dafür aber könnte es am Ende zu einem unkontrollierten (weil visafreien) Zustrom von Türken vor allem nach Deutschland kommen, wo bereits die meisten Auslandstürken in der EU wohnen. Auf jeden Fall wären die Türken nach allen Erfahrungen mit deren von Anatolien her relativ geringem Bildungsniveau noch schwerer zu integrieren als die Syrer und in ihrer Zahl noch unberechenbarer. Sie könnten zwar zunächst in Deutschland als

14. Wann sind die Migranten in der Mehrheit?

Ausländer nur schwarzarbeiten. Doch sollte die Türkei am Ende von den flüchtlingsgeschüttelten EU-Ländern den Beitritt zur EU erzwingen, so würden Einwanderer aus der Türkei in Deutschland auch legal und unbegrenzt an den Arbeitsmarkt kommen. Und das würde mit dem zu erwartenden Dumpingwettbewerb und der Inanspruchnahme von Sozialleistungen die soziale Kluft in Deutschland nur noch weiter aufreissen, als das jetzt bereits mit den Millionen an Flüchtlingen geschieht. Hat die Bundeskanzlerin um ihres gefährdeten Machterhalts willen ein weiteres Mal unüberlegt gehandelt?

14. Die Kraft der Zahl: Wann sind Migranten in der Mehrheit?

In Deutschland lebten im vergangenen Jahr etwa 17 Millionen Menschen mit Migrationshintergrund (einschliesslich der in Deutschland geborenen Nachkommen zweiter Generation) und damit fast ein Viertel der Gesamtbevölkerung[49]. Dabei steigt der Anteil an der Gesamtbevölkerung vom ältesten Jahrgang mit 8,9 % bis zum jüngsten Jahrgang der unter 5-Jahre Alten mit 34,5 %, wie der neueste Migrationsbericht der Bundesregierung ausweist[50]. Bei diesem Trend werden die unter 5 Jahren um das Jahr 2020 deutschlandweit in der Mehrheit sein und, wenn sie später das Wahlalter erreichen, sehr viel politischen Einfluß ausüben. Das liegt vor allem an den unterschiedlichen Familienstrukturen: Der Anteil von kinderlosen Paaren oder Familien mit nur einem Kind ist weit niedriger als bei der einheimischen Bevölkerung; dafür ist der Anteil mit drei und mehr Kindern erheblich höher[51]. An dieser Entwicklung und erst recht kombiniert mit dem neuen Millionenstrom an Flüchtlingen lässt sich erkennen, wie der Tag näher kommt, da Menschen mit Migrationshintergrund in der Mehrzahl sein werden.

14. Wann sind die Migranten in der Mehrheit?

In den Grossstädten, in die Migranten konzentriert ziehen, wird dieser Tag noch viel schneller kommen. Bei den Kindern unter 3 Jahren lag der Anteil nach den immer noch neuesten Zahlen von vor 7 Jahren schon damals zwischen rund der Hälfte und rund drei Vierteln für das Ruhrgebiet, Hamburg, Köln, Stuttgart, München und Frankfurt[52]; neuere Zahlen hält die Bundesregierung offensichtlich geheim, um uns nicht zu beunruhigen. Jedoch gibt es noch eine neue Statistik nach Bundesländern und Regierungsbezirken für die Altersgruppe unter 15 Jahre aus dem Mikrozensus von 2014. Danach wurden in einzelnen Bundesländern besonders hohe Anteile erreicht. Anteile von 48 % und mehr wurden für Berlin, Hamburg und Bremen, sowie weite Teile von Hessen gemessen, Anteile von 40 % bis unter 48 % für weite Teile von Nordrhein-Westfalen und Baden-Württemberg[53,54].

Damit ergeben sich gleich mehrere gravierende Probleme. Erstens wird die Sogfunktion der Diasporen sehr gross (siehe Kapitel1). Zweitens werden immer mehr Immigranten in diesen Diasporen leben, ohne sich integrieren zu müssen, weil sie hier in ihren Heimatsprachen, Gebräuchen und Kulturen bleiben können und die Last jeder Integration vermeiden. Drittens werden so grosse Ausländeranteile auch zu einem politischen Faktum. Die traditionellen deutschen Parteien werden immer mehr Kandidaten mit Migrationshintergrund aufstellen, schon um Wähler aus den Diasporen zu gewinnen, soweit nicht einzelne Gruppen von Migranten lokal oder regional eigene Parteien gründen. In jedem Fall wird es den Menschen mit Migrationshintergrund sehr viel leichter fallen, ihre Interessen politisch durchzusetzen. Diese Interessen werden von denen der heimischen Bevölkerung erheblich abweichen.

Beispielsweise könnten jugendliche Menschen mit Migrationshintergrund eines Tages mit ihren politischen Mehrheiten nicht mehr bereit sein, durch hohe Sozialbeiträge für die zahlreichen deutschen Rentner in unserem System aufzukommen, das sich bisher ohne Rücklagen und nur über laufende Beiträge finanziert. Über ihr Gewicht in Kommunalparlamenten könnten muslimische Gruppen einen getrennten Unterricht ihrer Kinder durchsetzen. Auch wäre dann abzusehen, dass ein Teil der heimischen Leistungsträger an Auswanderung denken würde, um den wachsenden Problemen in Deutschland und einer Majorisierung durch Interessen der Eingewanderten zu entgehen.

15. Die Zweite Völkerwanderung hat begonnen

Deutschland ist 2015 unter den entwickelten Ländern zum um Längen wichtigsten Land für Asylbewerber geworden[55]. Das grosse Grossbritannien will gerade einmal 4.000 Syrer pro Jahr aufnehmen und die zudem selbst aus den Lagern aussuchen. Die USA sind nur bereit, 15.000 Syrer pro Jahr zusätzlich aufzunehmen. Soll da die mit grosser Geste von der deutschen Verteidigungsministerin bei der Konferenz „Denk ich an Deutschland" vorgetragene Forderung helfen, auch in der Flüchtlingskrise „westliche Werte" nicht zu verraten? Bestimmen nun die Deutschen auch noch die „westlichen Werte"? Soll wirklich ganz Europa oder gar der ganze Westen ein weiteres Mal am deutschen Wesen genesen?

Mit den Merkel-Sprüchen im Bundestag, wie „Deutschland muss vorangehen", „schneller integrieren" und „aus der Erfahrung mit den Gastarbeitern lernen" lassen sich die Probleme von heute mit Sicherheit nicht lösen.

Niemand, selbst die Bundesregierung, weiss, mit welchen Flüchtlingszahlen wir im kommenden Jahr zu rechnen haben, geschweige denn danach. Im letztgemeldeten Monat September 2015 sind in Bayern erneut 225.000 Flüchtlinge registriert worden. Insgesamt kamen bis Mitte Oktober bereits 643.000 Flüchtlinge über das Mittelmeer nach Europa. Die Potenziale sind erdrückend. Zu diesen Risiken hat sich der EU-Erweiterungskommissar Johannes Hahn im Interview in "Die Welt" geäussert:

„Seit ich vor einem Jahr ins Amt gekommen bin, habe ich immer wieder darauf hingewiesen, dass wir in der europäischen Nachbarschaft rund um Europa 20 Millionen Flüchtlinge haben und das enorme Risiko besteht, dass sie sich in Bewegung setzen. Jetzt ist genau diese Krise eingetreten."
Keiner, der es mit Deutschland (und Europa) gut meint, sollte sich diese Potenziale ins Land wünschen. Deutschland wäre ein total anderes Land, auch die Reste seiner spezifischen Sozialkultur am Ende verloren. Neben den Flüchtlingen wäre eine schreckliche Welle an Rechtsradikalismus zu befüchten. Dresden könnte überall sein.

Die ohnehin große Wahrscheinlichkeit, dass es so kommt, würde noch sprunghaft steigen, sollte sich Afrika in den Flüchtlingstreck nach Europa voll einreihen, eine leider nicht unwahrscheinliche Entwicklung. Wenig Zweifel kann es jedenfalls geben: Die Zweite Völkerwanderung hat schon begonnen.

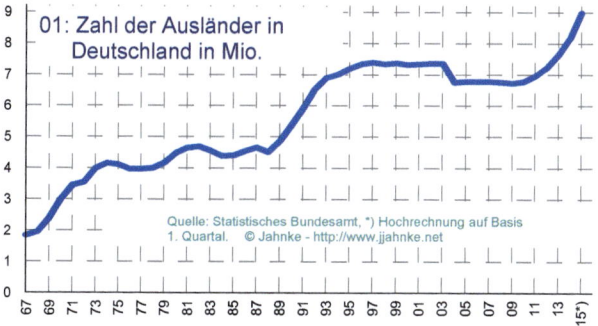

Abbildungen

02: Entwicklung der Weltbevölkerung in Mrd.

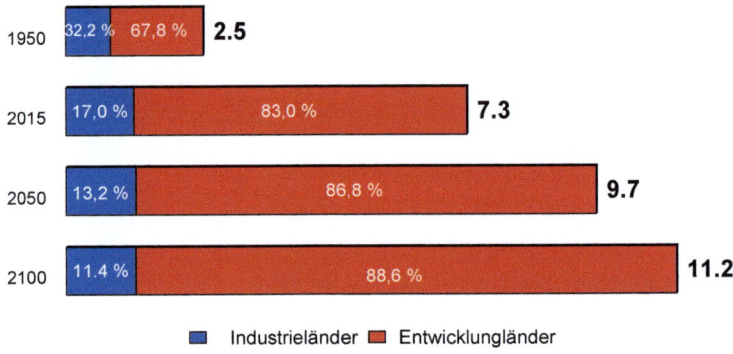

Quelle: UN Bevölkerungsprogramm. © Jahnke - http://www.jjahnke.net

03: Bevölkerungsentwicklung in Entwicklungsländern in Mrd.

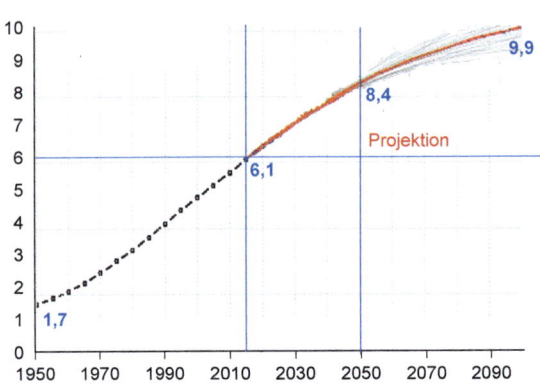

Quelle: UN Bevölkerungsprogramm. © Jahnke - http://www.jjahnke.net

Abbildungen

04: Entwicklung der Wirtschaftsleistung/Kopf in Kaufkraftparitäten

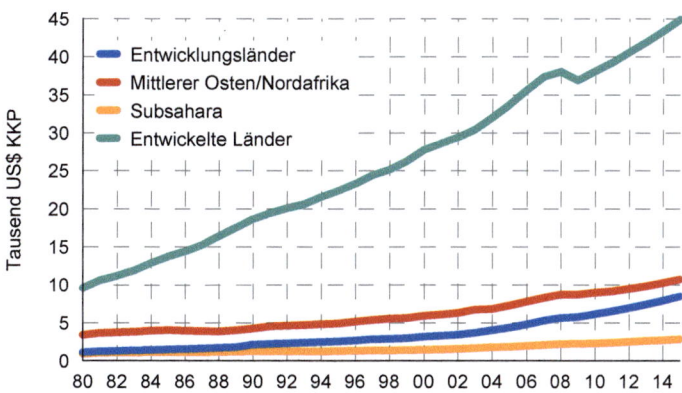

Quelle: IWF. © Jahnke - http://www.jjahnke.net

05: Veränderung im landwirtschaftlichen Ertrag bei Temperaturanstieg um 3 Grad bis 2050

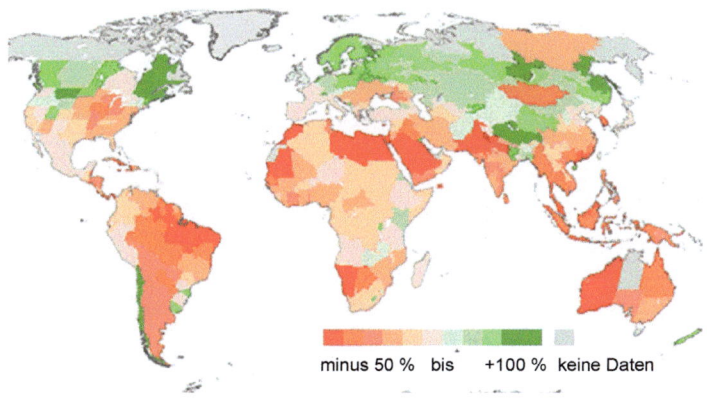

Quelle: IPCC, 2014. © Jahnke - http://www.jjahnke.net

Abbildungen

06: Personen mit Migrationshintergrund in ausgewählten Großstädten im Jahr 2007 (Anteile an der Gesamtbevölkerung)

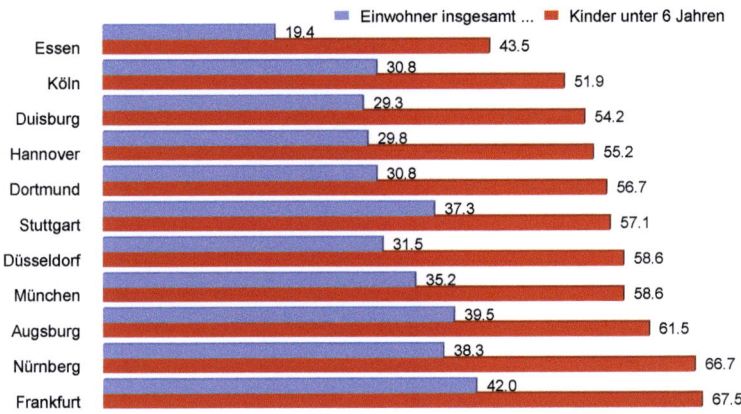

Quelle: Migrationsbericht der Bundesregierung, 2010. © Jahnke - http://www.jjahnke.net

07: Asyl-Anträge aus dem Westbalkan

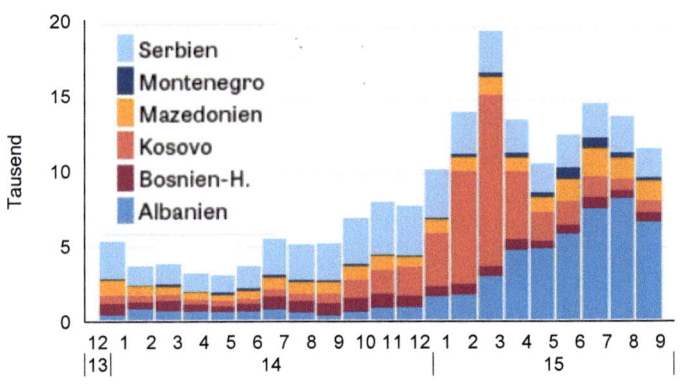

Quelle: Bundesamt Migration und Flüchtlinge. © Jahnke - http://www.jjahnke.net

Abbildungen

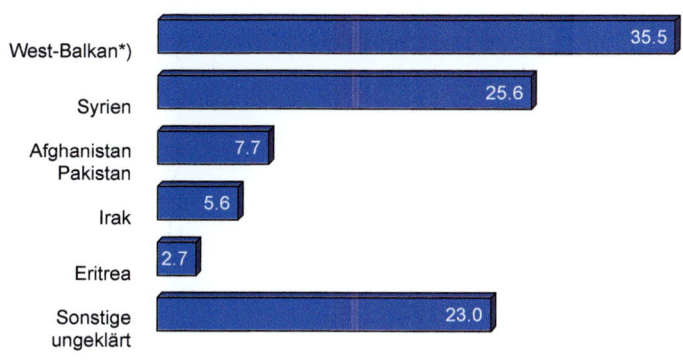

08: Herkunftsländer der Asylbewerber Januar bis September 2015 in %

Quelle: BAMF. *) Kosovo, Albanien, Serbien, Mazedonien; **) Eritrea, Nigeria.
© Jahnke - http://www.jjahnke.net

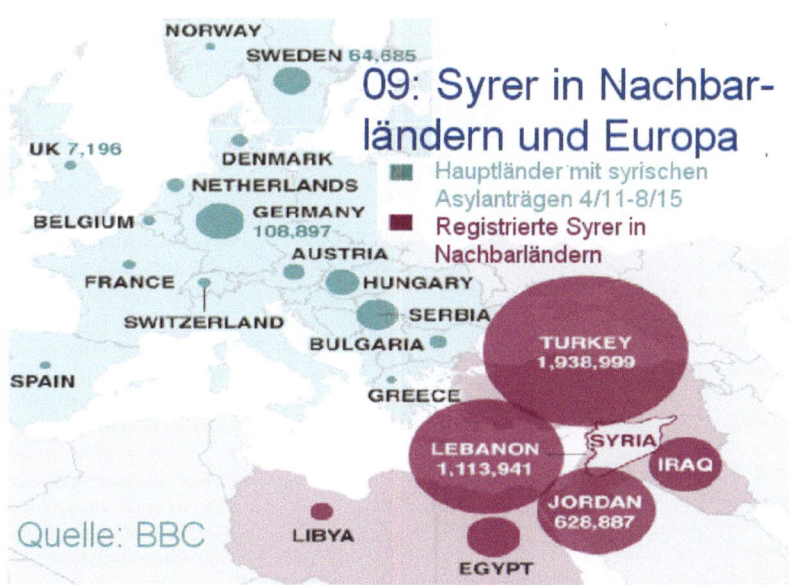

Abbildungen

10: Geburtenziffer (Kinder pro Frau) 2015-2020

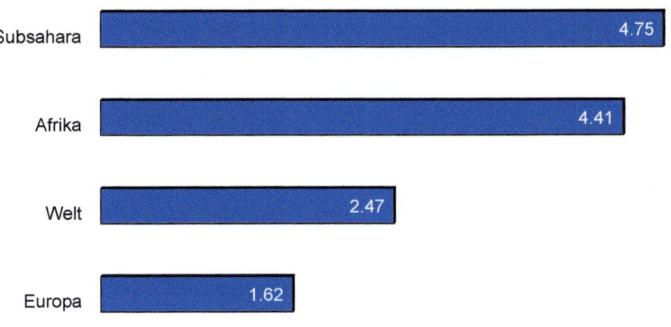

Quelle: UN Bevölkerungsprogramm. © Jahnke - http://www.jjahnke.net

11: Entwicklung der Bevölkerung Afrikas

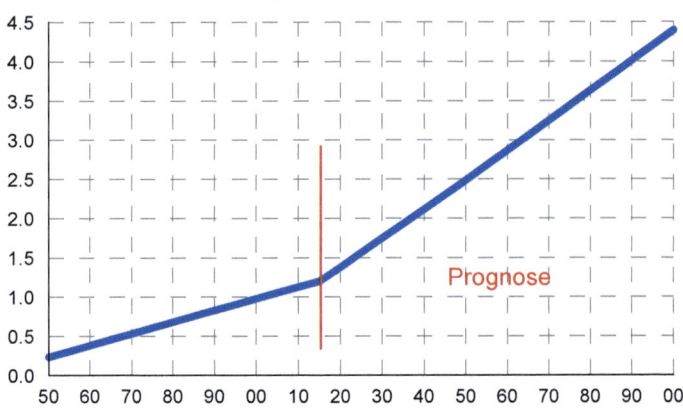

Quelle: UN Bevölkerungssprogramm. © Jahnke - http://www.jjahnke.net

Abbildungen

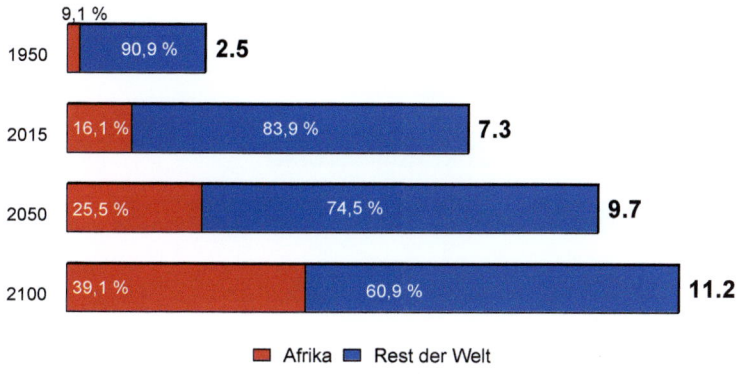

12: Entwicklung der Bevölkerung Afrikas und der Welt in Mrd.

Quelle: UN Bevölkerungsprogramm. © Jahnke - http://www.jjahnke.net

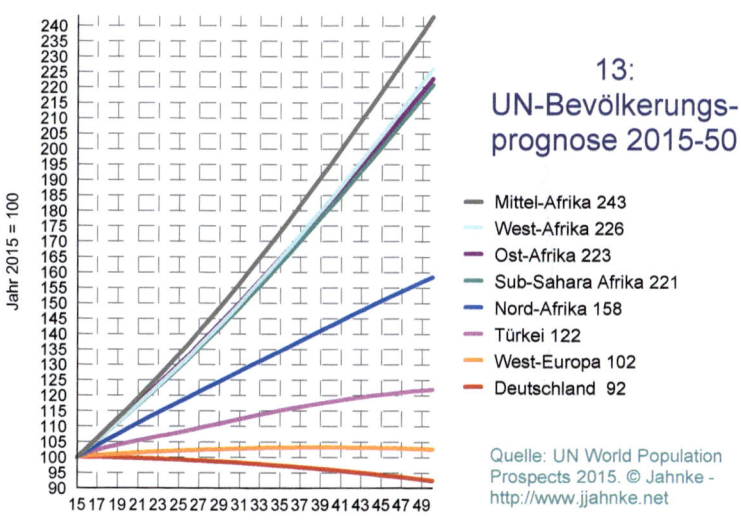

13: UN-Bevölkerungsprognose 2015-50

Quelle: UN World Population Prospects 2015. © Jahnke - http://www.jjahnke.net

61

Abbildungen

14: Arbeitslosenraten in % 2013

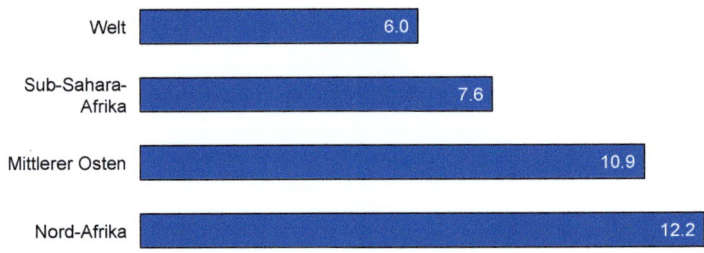

Quelle: ILO, Global Employment Trends 2014. © Jahnke - http://www.jjahnke.net

15: Bevölkerungsentwicklung in Mio.

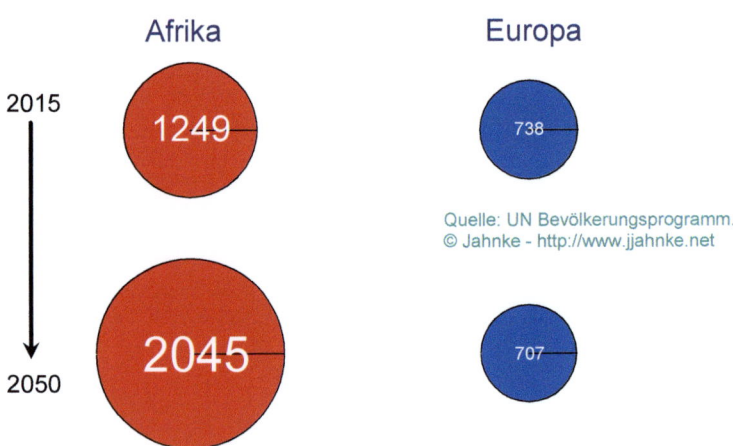

Quelle: UN Bevölkerungsprogramm.
© Jahnke - http://www.jjahnke.net

Abbildungen

16: Bereitschaft, dauerhaft in ein anderes Land auszuwandern

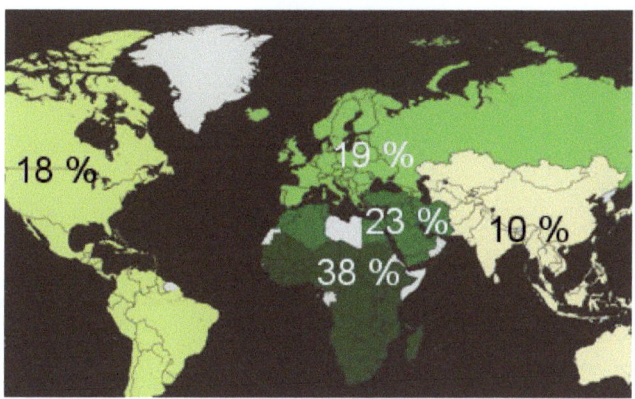

Quelle: Gallup, 700 Mio weltweit wollen dauerhaft auswandern, 1.11.09.
© Jahnke - http://www.jjahnke.net

17: Migration aus Afrika

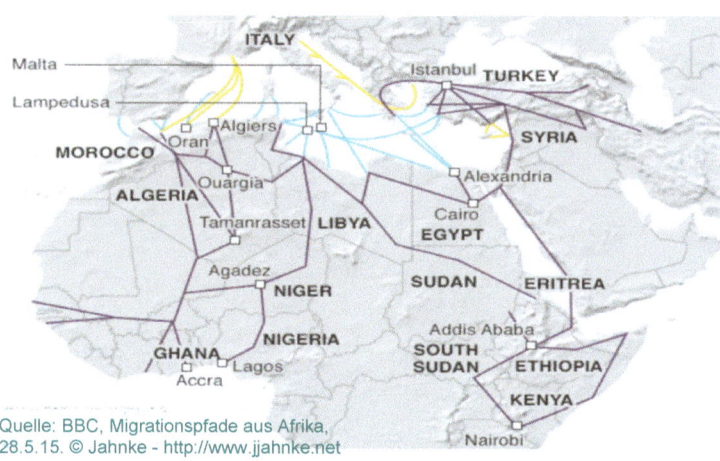

Quelle: BBC, Migrationspfade aus Afrika,
28.5.15. © Jahnke - http://www.jjahnke.net

Abbildungen

18: Kann Deutschland die vielen Flüchtlinge verkraften?

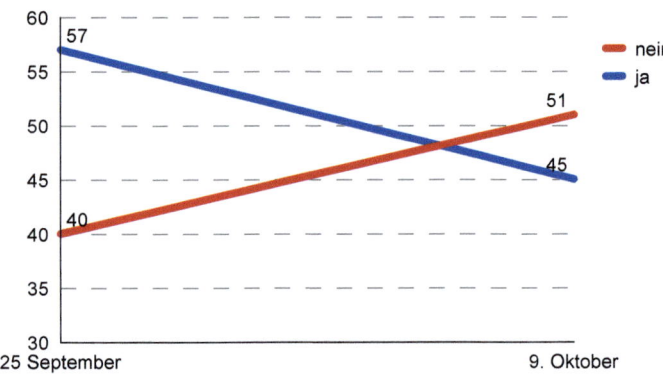

Quelle: ZDF-Polit-Barometer, 9.10.15. © Jahnke - http://www.jjahnke.net

19: ARD-Deutschlandtrend: "Es macht mir Angst, daß so viele Flüchtlinge zu uns kommen" - nach Kalenderwochen bis 4. Okt 2015

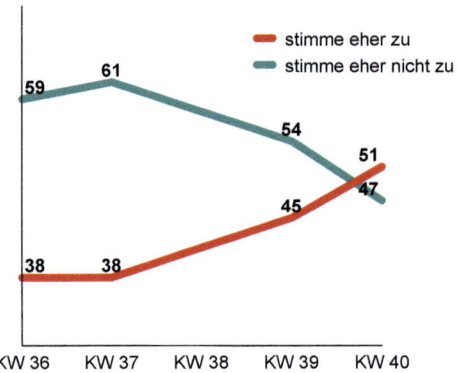

Abbildungen

20: Umfrage zu den Flüchtlingen

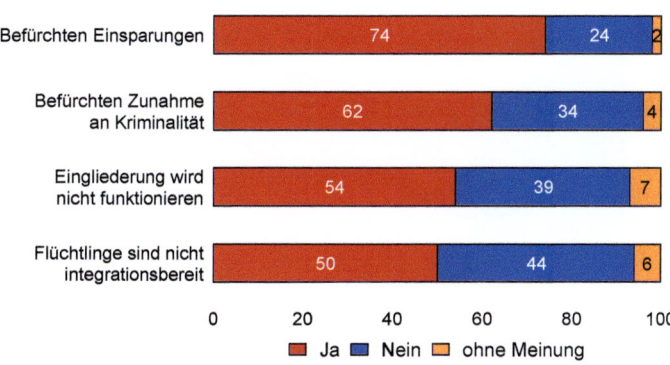

Quelle: ZDF-Polit-Barometer, 9.10.15. © Jahnke - http://www.jjahnke.net

21: 530.000 Asylanträge in der EU in 2015 bis Ende August (vor Weiterverteilung oder Weiterwanderung innerhalb der EU)

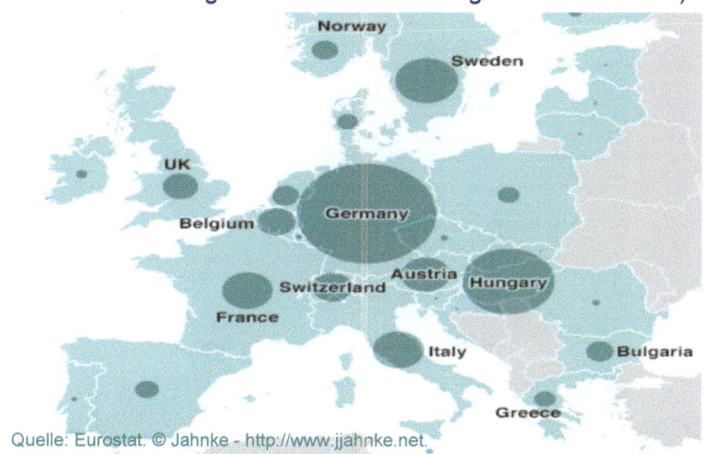

Quelle: Eurostat. © Jahnke - http://www.jjahnke.net

Abbildungen

22: Asylanträge und Abschiebungen bis Juli 2015

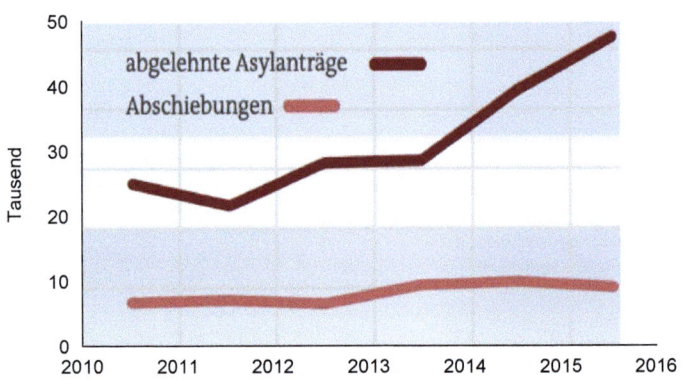

Quelle: BAMF. © Jahnke - http://www.jjahnke.net

23: Lesefähigkeit in Abhängigkeit vom Bildungsniveau der Eltern*)

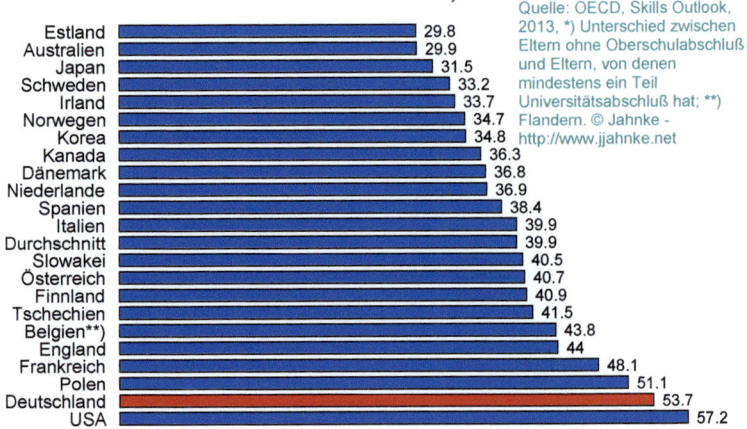

Quelle: OECD, Skills Outlook, 2013, *) Unterschied zwischen Eltern ohne Oberschulabschluß und Eltern, von denen mindestens ein Teil Universitätsabschluß hat; **) Flandern. © Jahnke - http://www.jjahnke.net

Abbildungen

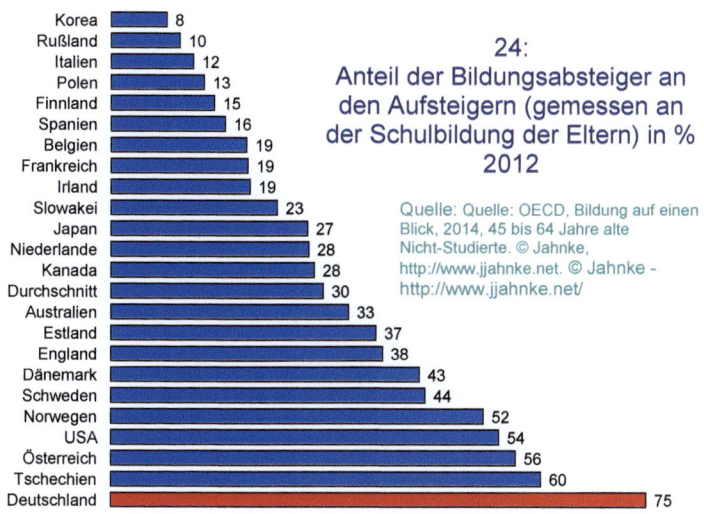

24: Anteil der Bildungsabsteiger an den Aufsteigern (gemessen an der Schulbildung der Eltern) in % 2012

Quelle: Quelle: OECD, Bildung auf einen Blick, 2014, 45 bis 64 Jahre alte Nicht-Studierte. © Jahnke, http://www.jjahnke.net. © Jahnke - http://www.jjahnke.net/

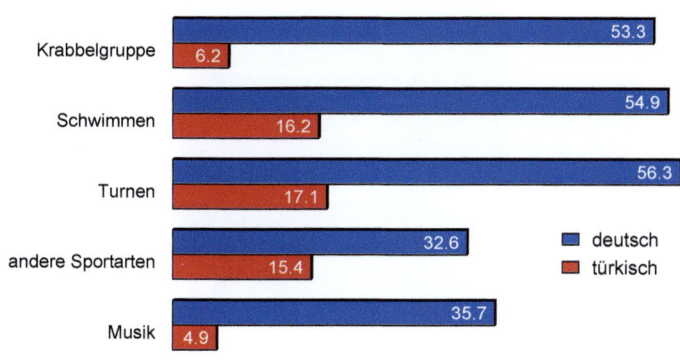

25: Teilnahme an Eltern-Kind-Kursen nach kulturellem Hintergrund in %

Quelle: MIEKA-Studien, 2014. © Jahnke - http://www.jjahnke.net

Abbildungen

26: Anteil von Kindern, deren Eltern einen niedrigen Bildungsstatus haben, an den jeweiligen Bevölkerungsgruppen in %

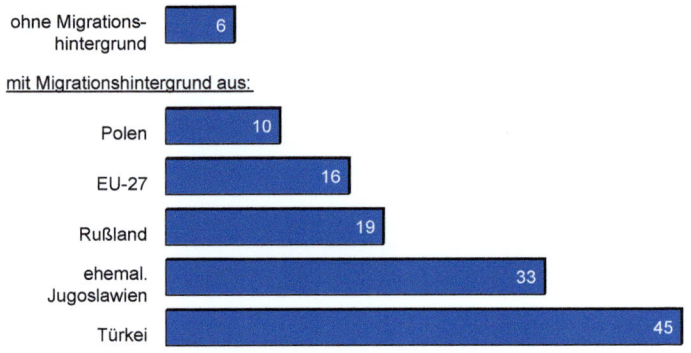

Quelle: Deutsches Jugendinstitut, Kinder-Migrationsreport, 2013. © Jahnke - http://www.jjahnke.net

27: Anteil der Menschen mit berufsqualifizierendem Bildungsabschluß in %

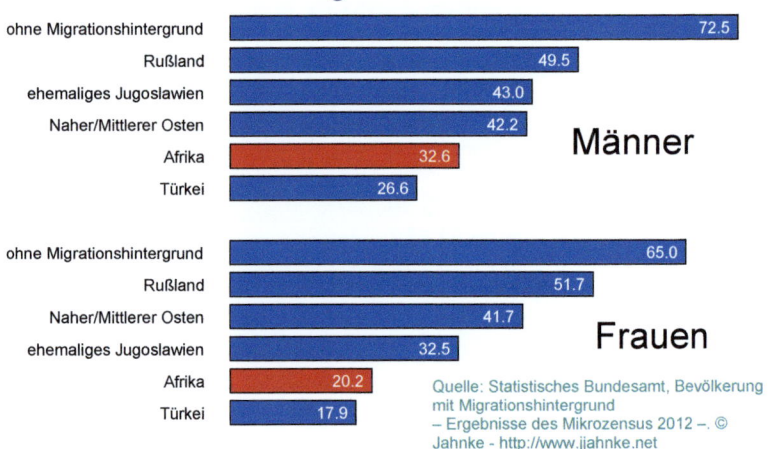

Quelle: Statistisches Bundesamt, Bevölkerung mit Migrationshintergrund – Ergebnisse des Mikrozensus 2012 –. © Jahnke - http://www.jjahnke.net

Abbildungen

28: "Die Befolgung der Gebote meiner Religion ist frü mich wichtiger als die Gesetze des Staates, in dem ich lebe"

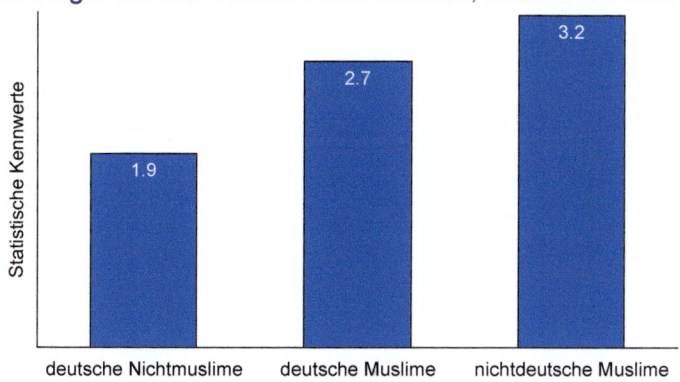

Quelle: Bundesinnenministerium, "Lebenswelten junger Muslime in Deutschland", Juli 2011. © Jahnke - http://www.jjahnke.net

17342: Umfrage unter Menschen mit türkischem Migrationshintergrund: Welches Land empfinden Sie als Ihre Heimat?

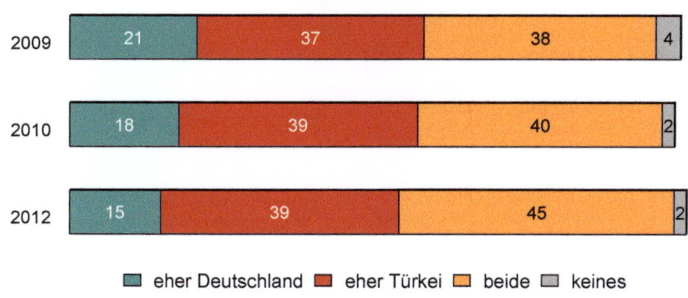

Quelle: Studie des Meinungsforschungsinstituts Info 2012. © Jahnke - http://www.jjahnke.net

Abbildungen

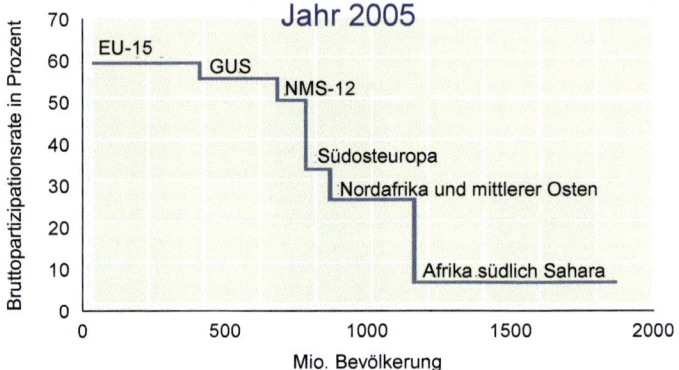

30: Tertiäre Bildungsbeteiligung und Bevölkerung im Jahr 2005

Quelle: IAB 1/2008. Berechnet sind die Bruttopartizipationsraten (gross school enrolment rates) der relevanten Jahrgänge in tertiärer Bildung und Ausbildung; GUS = Gemeinschaft Unabhängiger Staaten; NMS = Neue Mitgliedstaaten der EU. Datenquelle: Weltbank (2007). © Jahnke - http://www.jjahnke.net

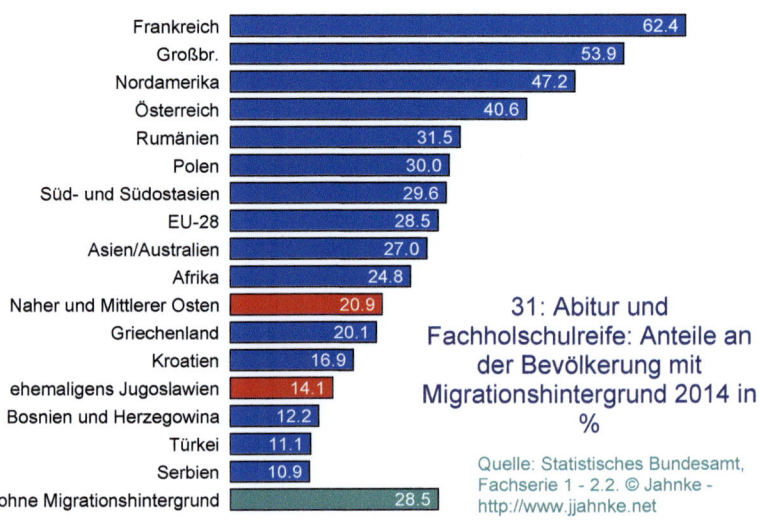

31: Abitur und Fachholschulreife: Anteile an der Bevölkerung mit Migrationshintergrund 2014 in %

Quelle: Statistisches Bundesamt, Fachserie 1 - 2.2. © Jahnke - http://www.jjahnke.net

Abbildungen

32: Soziale Bedingungen von Menschen mit Migrationshintergrund

mit Immigrantenhintergrund | Ohne Immigrantenhintergrund

Anteil ohne Schulabschluß an Bevölkerung 2013 in %

9.8 | 1.8 %

Anteil von Nicht-Erwerbstätigen an Bevölkerung 2013 in %

35.1 | 17.5

Armutsgefährdungsquote 2013 in %

26.6 | 12.6

Quelle: Statistisches Bundesamt. © Jahnke - http://www.jjahnke.net

33: Anteil der Arbeit suchenden Flüchtlinge an den als erwerbsfähig gemeldeten der jeweiligen Herkunftsländer, Sept.2015 in %

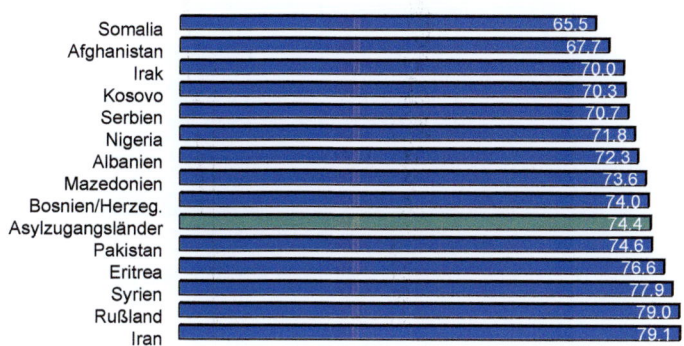

Land	%
Somalia	65.5
Afghanistan	67.7
Irak	70.0
Kosovo	70.3
Serbien	70.7
Nigeria	71.8
Albanien	72.3
Mazedonien	73.6
Bosnien/Herzeg.	74.0
Asylzugangsländer	74.4
Pakistan	74.6
Eritrea	76.6
Syrien	77.9
Rußland	79.0
Iran	79.1

Quelle: Bundesagentur für Arbeit. Als arbeitsuchend gilt, wer eine Beschäftigung als Arbeitnehmer sucht und bei der Agentur für Arbeit arbeitsuchend gemeldet ist. © Jahnke - http://www.jjahnke.net

Abbildungen

34: Anstieg der Zahl arbeitsloser Flüchtlinge Sept.14/15 in %

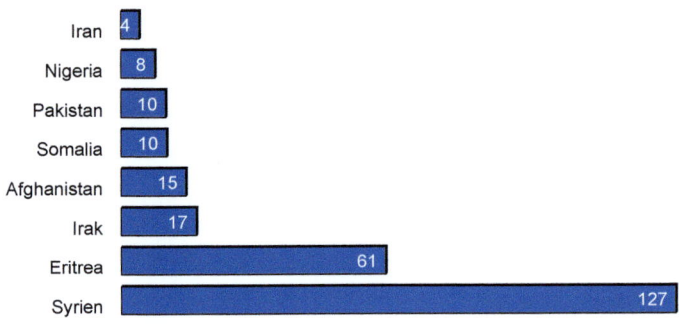

Quelle: Bundesagentur für Arbeit. © Jahnke - http://www.jjahnke.net

35: Armutsquoten: Anteile an der Bevölkerung in Deutschland mit Migrationshintergrund 2014 in %

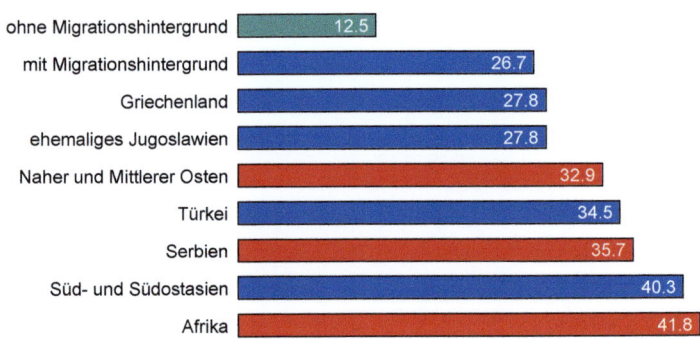

Quelle: Statistisches Bundesamt, Fachserie 1 - 2.2. © Jahnke - http://www.jjahnke.net

Abbildungen

36: Überwiegender Lebensunterhalt nach Migrationsstatus

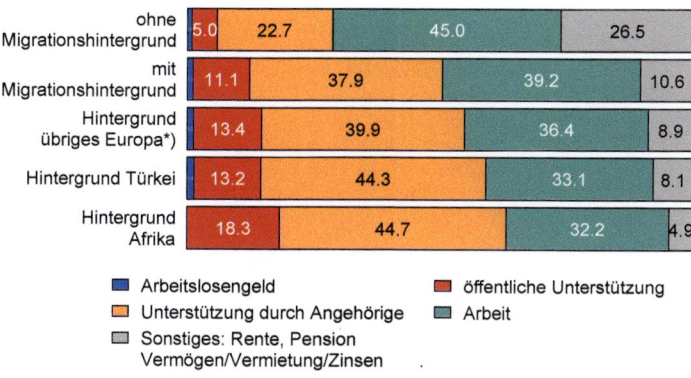

Quelle: Statistisches Bundesamt, Bevölkerung mit Migrationshintergrund
– Ergebnisse des Mikrozensus 2013 –, *) ohne EU28. © Jahnke -
http://www.jjahnke.net

37: ARD-Deutschlandtrend Oktober 2015: Meinungen zum Flüchtlingszuzug

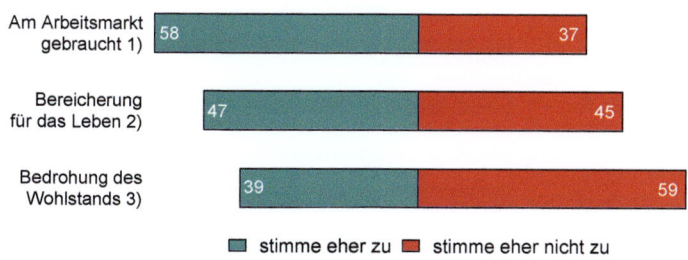

1) Ich glaube, dass Flüchtlinge perspektivisch auf dem deutschen Arbeitsmarkt gebraucht werden. 2) Ich empfinde die Flüchtlinge als eine Bereicherung für das Leben in Deutschland. 3) Ich habe Sorge, dass die große Zahl an Flüchtlingen unseren Wohlstand bedroht.

Abbildungen

38: Bevölkerungsvorausberechnung
- 18 bis 65 Jahre, mittlere Bevölkerung, Untergrenze -

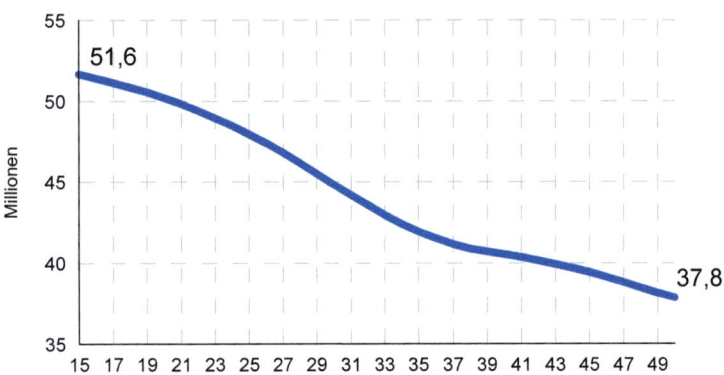

Quelle: Statistisches Bundesamt, Außenwanderungssaldo von 100.000/Jahr. © Jahnke - http://www.jjahnke.net

39: Sozialversicherungspflichtig Beschäftigte und Arbeitslose nach dem Anforderungsniveau des ausgeübten bzw. angestrebten Berufs, Anteile in %

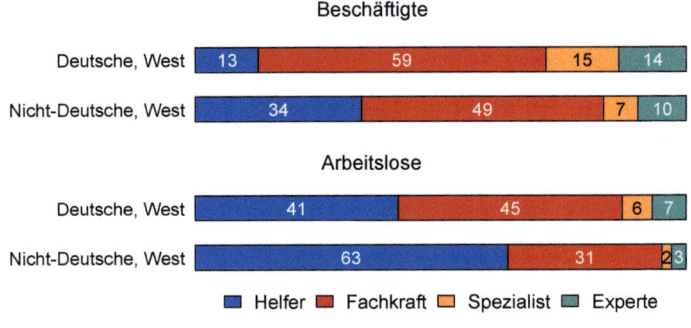

Quelle: IAB, Kurzbericht 11/2014. © Jahnke - http://www.jjahnke.net

Abbildungen

40: ARD-Deutschlandtrend Oktober 2015: "Es macht mir Angst, daß so viele Flüchtlinge zu uns kommen" nach Haushaltseinkommen in Euro

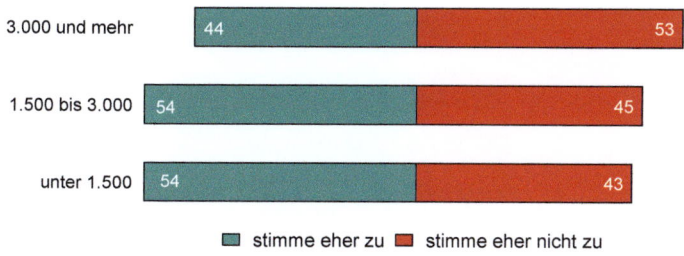

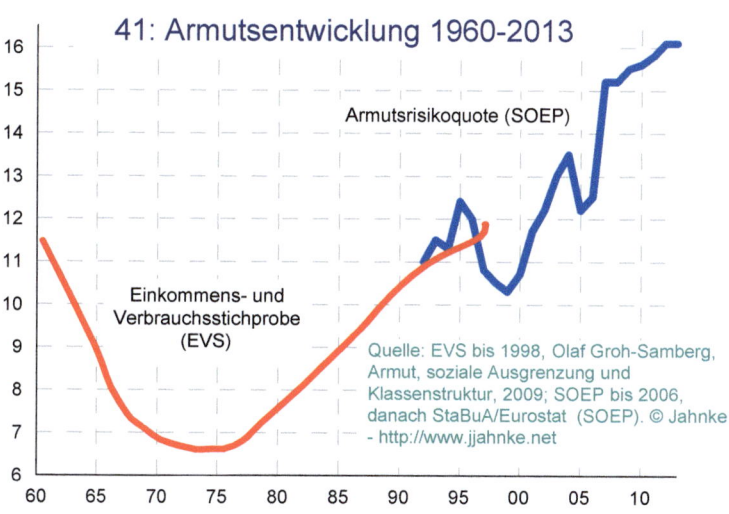

Abbildungen

42: Armutsgefährdete Haushalte in Deutschland 2013 in %

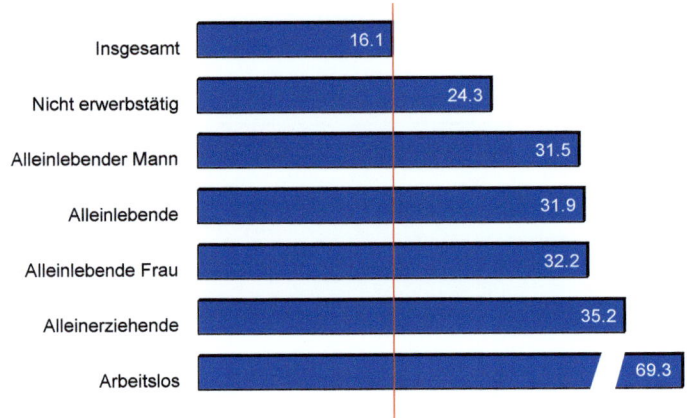

Quelle: Statistisches Bundesamt. © Jahnke - http://www.jjahnke.net

43: Entwicklung der Zahl der Tafeln in Deutschland

Quelle: tafel.de.
© Jahnke -
http://www.jjahnke.net

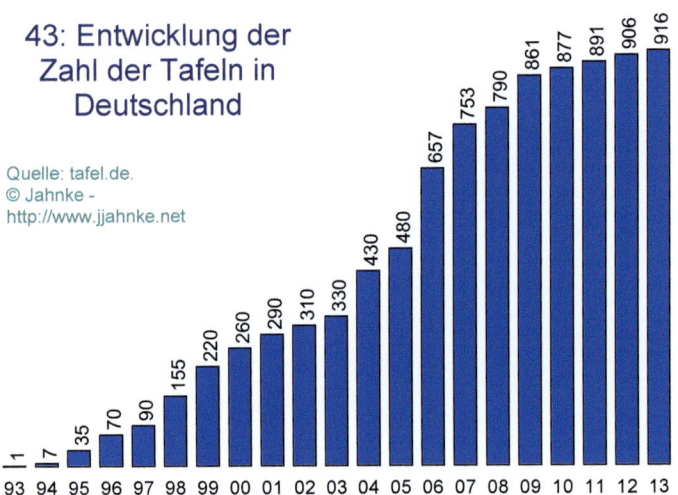

Abbildungen

44: Niedriglohnrisiko abhängig Beschäftigter nach Schichten in %

Quelle: Universität Duisburg-Essen, August 2015. © Jahnke - http://www.jjahnke.net

45: Anteil der Haushalte am gesamten Vermögen in %

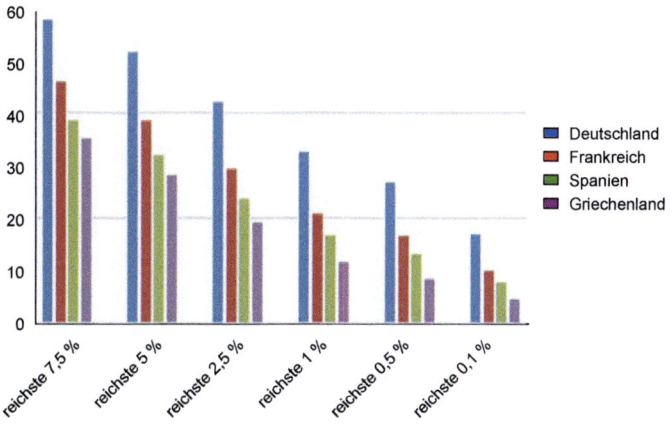

Quelle: DIW, Berlin, 2015. © Jahnke - http://www.jjahnke.net

Abbildungen

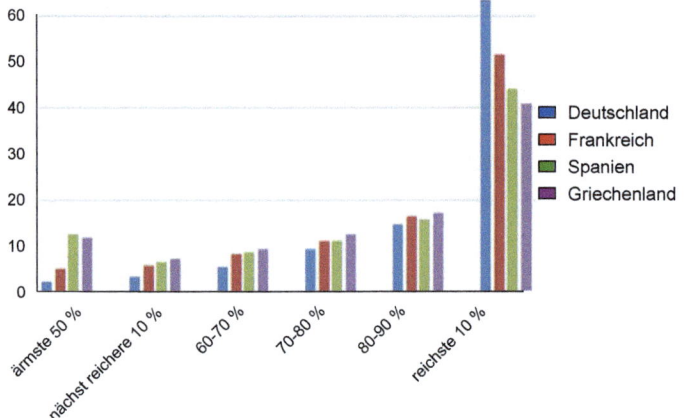

46: Anteil der Haushalte am gesamten Vermögen in %

Quelle: DIW, Berlin, 2015. © Jahnke - http://www.jjahnke.net

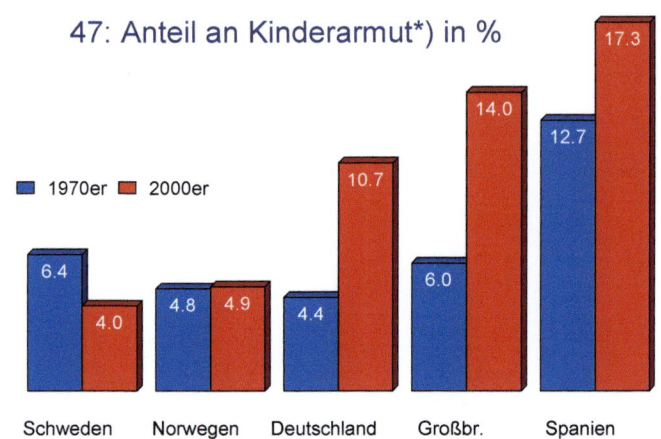

47: Anteil an Kinderarmut*) in %

Quelle: Esping-Andersen, 2015, *) Anteil der Kinder in Haushalten mit weniger als 50 % der Median-Einkommen. © Jahnke - http://www.jjahnke.net

Abbildungen

48: Bevölkerungsentwicklung Türkei in Mio bis 2050

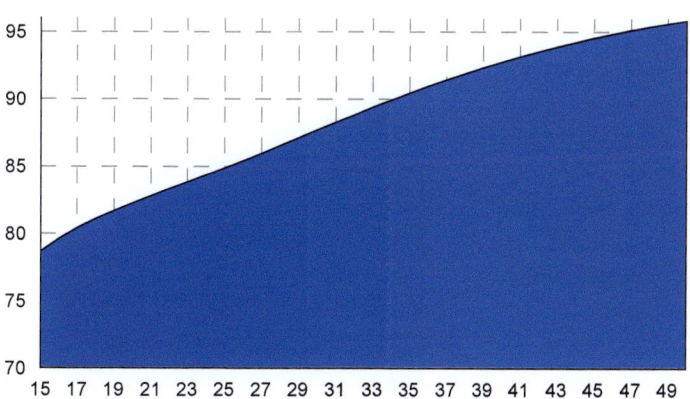

Quelle: UN Bevölkerungsprogramm. © Jahnke - http://www.jjahnke.net

49: Menschen mit und ohne Migrationshintergrund in Mio. 2014

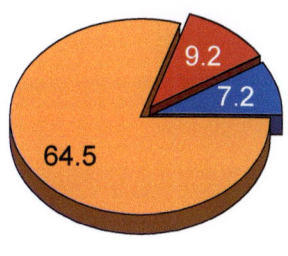

- Ausländer
- Deutsche mit Migrationshintergrund
- Deutsche ohne Migrationshintergrund

Quelle: Statistisches Bundesamt. © Jahnke - http://www.jjahnke.net

Abbildungen

50: Menschen mit Migrationshintergrund in Deutschland je Altersgruppe der Gesamtbevölkerung in % 2014

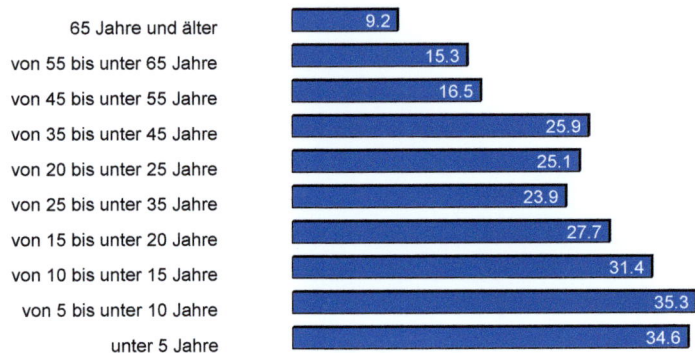

Quelle: Statistisches Bundesamt, Mikrozenus 2014 . © Jahnke - http://www.jjahnke.net

51: Familienstrukturen nach Migrationsstatus 2013

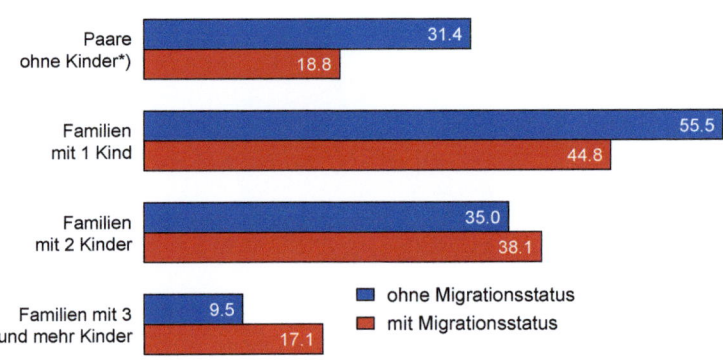

Quelle: Statistisches Bundesamt, Mikrozensus 2013. *) gemessen an der Gesamtbevölkerung

Abbildungen

52: Anteil der Bevölkerung mit Migrationshintergrund im Alter von bis 3 Jahre 2008 an der Gesamtaltersgruppe in %

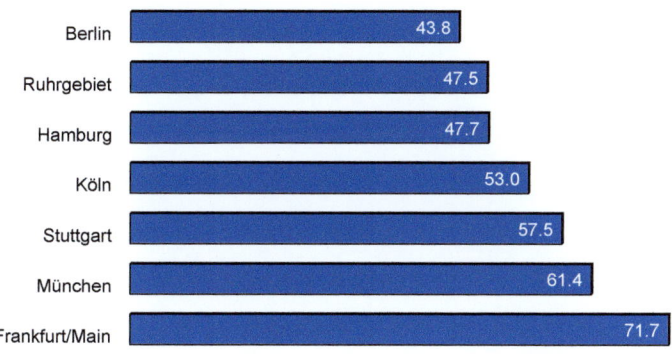

Quelle: Statistische Ämter des Bundes und der Länder, Mikrozensus (Autorengruppe Bildungsberichterstattung). © Jahnke - http://www.jjahnke.net

53: Anteil der Personen mit Migrationshintergrund an der Bevölkerung unter 15 Jahren in % 2014 im Norden

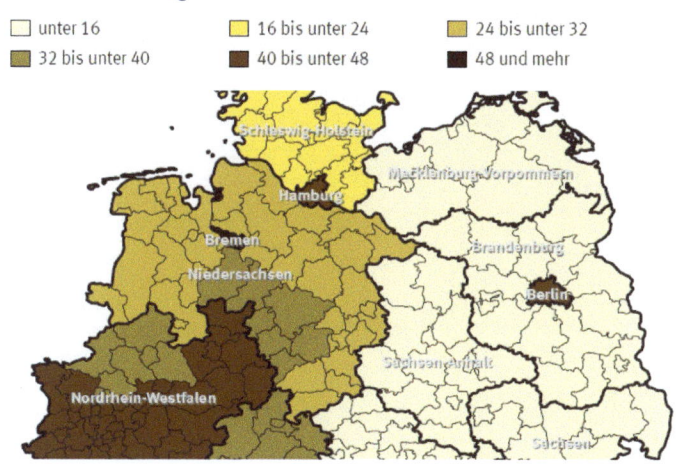

Abbildungen

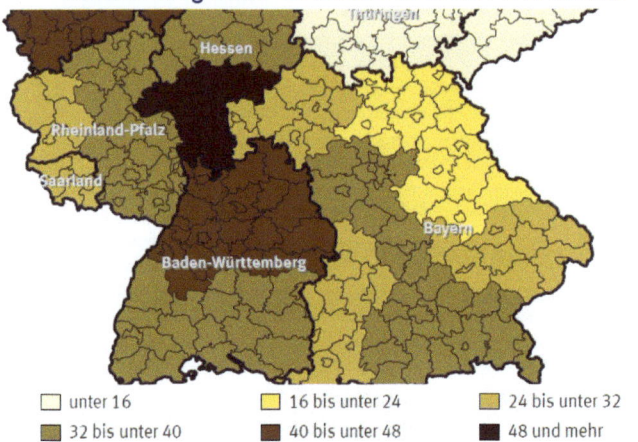

54: Anteil der Personen mit Migrationshintergrund an der Bevölkerung unter 15 Jahren in % 2014 im Süden

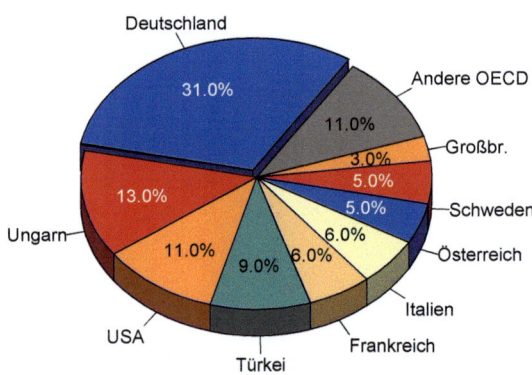

55: Asylbewerber im 1. Halbjahr 2015

Quelle: OECD. © Jahnke - http://www.jjahnke.net